PRINCE2 2009 EDITION – DAS TASCHENBUCH

Other publications by Van Haren Publishing

Van Haren Publishing (VHP) specializes in titles on Best Practices, methods and standards within four domains:

- IT management
- Architecture (Enterprise and IT)
- Business management and
- Project management

VHP is also publisher on behalf of leading companies and institutions:
The Open Group, IPMA-NL, PMI-NL, CA, Getronics, Quint, ITSqc, LLC, The Sox Institute and ASL BiSL Foundation

Topics are (per domain):

IT (Service) Management / IT Governance
ASL
BiSL
CATS
CMMI
COBIT
ISO 17799
ISO 27001
ISO 27002
ISO/IEC 20000
ISPL
IT Service CMM
ITIL® V2
ITIL® V3
ITSM
MOF
MSF
ABC of ICT

Architecture (Enterprise and IT)
Archimate®
GEA®
TOGAF™

Business Management
EFQM
ISA-95
ISO 9000
ISO 9001:2000
SixSigma
SOX
SqEME®
eSCM

Project/Programme/ Risk Management
A4-Projectmanagement
ICB / NCB
MINCE®
M_o_R®
MSP™
PMBOK® Guide
PRINCE2™

For the latest information on VHP publications, visit our website: www.vanharen.net.

PRINCE2™

Licensed Product

PRINCE2™ 2009 Edition

Das Taschenbuch

Bert Hedeman
Ron Seegers

Endorsed by APM Group
PRINCE2 compatible product
OGC's Official Accreditor

Van Haren
PUBLISHING

Kolophon

Titel:	PRINCE2™ 2009 Edition – Das Taschenbuch
Serie:	Best Practice
Autoren:	Bert Hedeman, Ron Seegers
Review	
Englische Version:	Ernst Bosschers (ISES International)
	Arthur Coppens (Getronics)
	Francisca Kouwen (Getronics)
	Mark Kouwenhoven (PMcoaching)
	Joost Nuyten (Rabobank)
	Arie den Ouden (Ambidexter Management)
Deutsche Version:	Anja E. Asche (Service Management Gate GmbH)
	Ralf J. Asche (Service Management Gate GmbH, lead reviewer)
	Ulrich Göbbels (Maxpert)
	Juliane Kemper (H&D Training und Consulting GmbH)
	Sebastian Mirre (Serview)
	Michael Weber (Serview)
	Michael Zwick (Zetem)
Deutsche Übersetzung:	Dr. Jörg Lobbes
Verlag:	Van Haren Publishing, Zaltbommel, Niederlande, www.vanharen.net
ISBN:	978 90 8753 569 8
Druck:	Erste Ausgabe, erste Auflage, März 2010
	Erste Ausgabe, zweite Auflage, Juli 2010
	Erste Ausgabe, dritte Auflage, Dezember 2010
Layout und Satz:	CO2 Premedia, Amersfoort – NL
Copyright:	© Van Haren Publishing, 2009, 2010

Inhalt

Kapitel 1
Einführung

PRINCE2™ ist eine generische Projektmanagementmethode. Sie konzentriert sich auf die Aspekte des Managements von Projekten. 1996 wurde von der Central Computer and Telecommunications Agency (CCTA) die Projektmanagementmethode zu PRINCE2™ weiterentwickelt. Bisher wurden verschiedene Versionen herausgebracht. Im Juni 2009 wurde die neueste Version veröffentlicht.

PRINCE2™ ist ein registriertes Warenzeichen des Office of Government Commerce (OGC), einer Britischen Regierungsbehörde. Die Registrierung gilt für Großbritannien und weitere Staaten. Organisationen, Personen und Aktivitäten, die sich mit den Methoden der Britischen Regierungsbehörde zu Themen des Projekt-, Programm- und Risiko-Managements beschäftigen, können durch die APM Group Limited (APMG) zertifiziert werden. Die APMG hat ihren Hauptsitz in Großbritannien und betreibt zahlreiche Niederlassungen.

1.1 Der Zweck dieses Buches

Dieses Taschenbuch bietet eine Übersicht über die PRINCE2-Methode. Es erlaubt dem interessierten Leser sowohl einen schnellen Einstieg als auch einen strukturierten Methodenüberblick. Leser, die bereits mit der Methode vertraut sind, verschafft das Buch eine Referenz für das tägliche Geschäft des Projektmanagements.

1.2 Was ist ein Projekt?

Ein Projekt bezeichnet eine Gesamtheit von Aktivitäten innerhalb einer temporären Organisationsform, die zum Ziel hat, unter festgelegten

Rahmenbedingungen eines oder mehrere definierte Produkte oder Services herzustellen.

PRINCE2 definiert ein Projekt, als eine für einen befristen zeitraumgeschaffene Organisation, die mit dem Zweck eingerichtet wurde, ein oder mehrere Produkte gemäß vereinbarter geschäftlichen Rechtfertigung -Business Case- zu liefern.

1.3 Warum sind Projekte wichtig?

„Auf Projekte wird vor allem zurückgegriffen, wenn die gestellten neuen Anforderungen von den definierten Linienfunktionen nicht erfüllt werden können.“ Ein Beispiel ist die Reorganisation der Geschäftsbereiche, um sich neuen Herausforderungen zu stellen und langfristig erfolgreich zu sein.

Die temporäre Organisation von Projekten macht es möglich alle Stakeholder zusammenzubringen, um die benötigten Produkte oder Services zu liefern. Die Struktur und die Prozesse einer guten Projektmanagementmethode verstärken die Fokussierung auf zu liefernde Produkte und Services, sowie die Unterstützung und den effizienten Ressourceneinsatz für die Lieferung der Produkte und Services. Daher sind Projekte wichtige Organisationsstrukturen, um Änderungen umzusetzen.

Durch die zunehmende Bedeutung und Häufung von Änderungen in Geschäftsprozessen, sind Projekte von entschiedener Bedeutung in unserer Arbeitswelt geworden.

1.4 Was unterscheidet Projekte vom regulären Geschäftsablauf?

Ausgehend von der Projektdefinition gibt es eine Anzahl von Charakteristika, die den Unterschied zwischen dem regulären Geschäftsbetrieb und einem Projekt festlegen.

Veränderung – Projekte werden in sich stetig verändernden Umgebungen durchgeführt und sind gleichzeitig Mittel für die Umsetzungen von Veränderungen. Dies verursacht oft Widerstände bei den beteiligten Parteien. Das Projekt hat die Aufgabe die Widerstände zu managen und zu minimieren, um die gestellten Anforderungen zu erfüllen und die Produkte und Services entsprechend der Vorgaben zu liefern.
Befristet – Die zeitliche Befristung von Projekten ist ein wesentliches Kriterium. Wird diese Bedingung nicht erfüllt, handelt es sich nicht um ein Projekt. Ein Projekt ist beendet, wenn die definierten Produkte oder Services dem Kunden übergeben werden. Projekte haben immer einen definierten Start sowie ein definiertes Ende.
Bereichsübergreifend – Projekte werden aus Teams von Personen mit unterschiedlichen Fähigkeiten und Rollen gebildet, die sehr oft aus unterschiedlichen Organisationseinheiten kommen.
Einzigartig – Jedes Projekt ist anders, auch wenn ein identisches Produkt geliefert wird. Die Randbedingungen oder die Ziele sind andere, andere Teammitglieder oder weitere Dritte sind beteiligt, sodass jedes Projekt einzigartig ist.
Unsicherheit – Alle bisher genannten Eigenschaften von Projekten führen zu einer Unsicherheit, die zwar Chancen aber auch Bedrohungen birgt. Es ist daher die Aufgabe eines Projekts diese Bedrohungen und Chancen zu managen. In der Regel sind Projekte mit einem höheren Risiko belastet als Standardgeschäftsabläufe. Daher spielt das Risiko-Management eine Schlüsselrolle im Projektmanagement.

1.5 Was ist Projektmanagement?

Wesentliche Elemente des Projektmanagements sind Planen, Delegieren, Überwachen und Steuern der wichtigen Aspekte eines Projekts. Die Motivation aller am Projekt Beteiligten ist ein weiteres wichtiges Element, um die Projektziele in der vereinbarten Zeit, zu den vereinbarten Kosten und mit der vereinbarten Qualität zu liefern. Projektmanagement stellt sicher, dass das Projekt den gesteckten Rahmen nicht verlässt, den geplanten Nutzen erbringt und die Risiken gemanagt werden (siehe Abbildung 1.1)

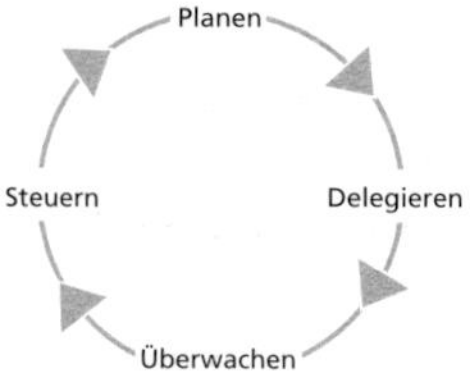

Abb. 1.1 Projektmanagementkreis (Quelle: Erfolgreiche Projekte Managen mit PRINCE2™, OGC)

Der Zweck von Projektmanagement ist die Steuerung der Arbeiten die sogenannte Spezialistenprodukte erzeugen. PRINCE2 unterscheidet Spezialisten- und Managementprodukte. Managementprodukte, wie Pläne und Berichte, werden für das Managen des Projekts benötigt. Spezialistenprodukte sind die nutzbaren Produkte des Projekts.

Nach dieser Definition ist Projektmanagement nicht beschränkt auf die eigentliche Arbeit des Projektmanagers. Projektmanagement behandelt vielmehr die Pflichten von allen im Management des Projekts involvierten Personen. Dazu gehören vor allem der Auftraggeber (Executive), die weiteren Mitglieder des Lenkungsausschusses (Project Board), der Projektmanager (Project Manager) und die Teammanager (Team Manager).

1.6 Aufgaben des Projektmanagers?

Der Projektmanager (Project Manager) ist verantwortlich für das Tagesgeschäft des Projektes unter Beachtung der Richtlinien, welche vom Auftraggeber bzw. vom Lenkungsausschuss vorgegeben wurden.

Als Teil des täglichen Managements ist der Projektmanager für die Planung, das Delegieren, das Überwachen und die Steuerung der auszuführenden Arbeiten verantwortlich. Weiterhin steuert er die verschiedenen Aspekte des Projekts wie:

- Einbindung der Stakeholder, um Unterstützung und Einsatz für das Projekt sicher zu stellen und Widerstände zu minimieren;
- Planung und Kontrolle der Projekt Produkte um den Nutzen für die Kundenorganisation zu ermöglichen;
- Motivation aller Projektteilnehmer und weiterer mit dem Projekt verbundener Personen.

1.7 Welche Parameter sind zu steuern?

Die sechs folgenden grundlegenden Aspekte sind in einem Projekt zu beachten:

Kosten – Die benötigten Kosten, um die definierten Produkte zu erstellen. Diese umfassen die Kosten für die Spezialistenprodukte, aber auch für das Management des Projekts.

Zeitrahmen – Der gesamte Lebenszyklus des Projekts bzw. bis zum Datum der Übergabe der Produkte des Projekts.

Qualität – Die Fähigkeit, die an das Produkt gestellten Erwartungen zu erfüllen.

Umfang – Welche Produkte sind genau im Projektumfang enthalten und welche nicht? Welche Arbeiten müssen während des Projekts aufgeführt werden und welche nicht?

Risiko – Das Management von Bedrohungen, aber gleichzeitig auch das Aufzeigen und Nutzen von Chancen.

Nutzen – Der Nutzen der auf Grundlage der Projektprodukte erzielt werden kann.

Zusätzlich zu den grundsätzlichen Aspekten sind oft weitere Punkte zu beachten, wie zum Beispiel Gesundheit, Umwelt und Sicherheit.

Kapitel 2
PRINCE2: Eine Einführung

PRINCE2 ist eine strukturierte Projektmanagementmethode, die auf bewährten Erfahrungen basiert (Best Practice).

PRINCE2 ist eine frei einsetzbare Methode. Der Projektmanager und alle Interessierten können die Methode nach Belieben einsetzen.

PRINCE2 ist eine generische Methode. Sie kann für jedes Projekt angewandt werden, unabhängig von Größe, Typ, Organisation, Geografie und Kultur. Eine Anpassung an die jeweiligen Rahmenbedingungen des Projekts ist möglich.

PRINCE2 ist eine universell anwendbare Methode, da das Projektmanagement von der Herstellung der Spezialistenprodukte, wie Design, Konstruktion, etc. getrennt wird. Die Arbeit der Spezialisten kann auf einfache Weise in die PRINCE 2 Methode integriert werden.

Weil PRINCE2 einen generischen Ansatz verfolgt und auf erprobten Prinzipien aufbaut, können Organisationen PRINCE2 einfach übernehmen. Sie erzielen damit eine nachhaltige Verbesserung ihrer Fähigkeiten, Projekte durchzuführen und Veränderungen umzusetzen.

PRINCE2 ist ein geschütztes Warenzeichen. Professionelle Trainings dürfen nur durch akkreditierte Trainingsorganisationen (ATO) und deren Partnern durchgeführt werden. Dazu finden Sie weitere Informationen auf der Internetseite der APMG und ihren Niederlassungen.

2.1 Der Aufbau von PRINCE2

Die PRINCE2-Methode betrachtet das Projektmanagement aus vier verschiedenen Perspektiven, siehe Abbildung 2.1:

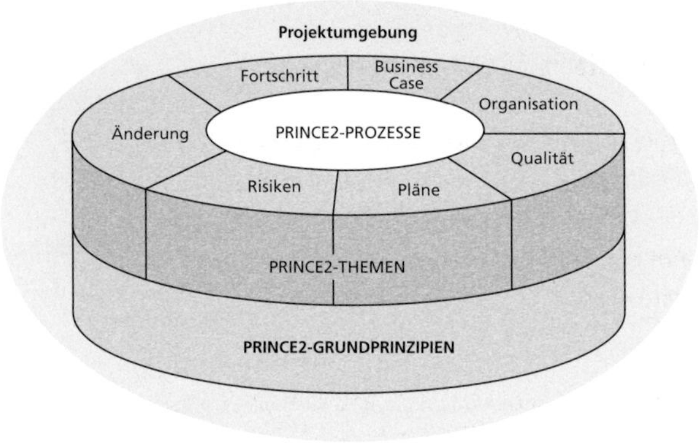

Abb. 2.1 Die PRINCE2™ Struktur (Quelle: Erfolgreiche Projekte Managen mit PRINCE2™, OGC)

1. **Sieben Grundprinzipien** – sind Grundsätze, deren Betrachtung für gutes Projektmanagement notwendige Voraussetzung ist. Ihre Verwendung ist unerlässlich, um ein Projekt nach PRINCE2 zu steuern. Werden nicht alle sieben Grundprinzipien angewandt, wird das Projekt nicht als ein PRINCE2 Projekt betrachtet.
2. **Sieben Themen** – beschreiben sieben Aspekte des Projektmanagements, die während des Projektlebenszyklus kontinuierlich berücksichtig werden müssen. Die Themen erklären die spezielle Handhabung durch PRINCE2 und warum sie notwendig sind.
3. **Sieben Prozesse** – charakterisieren das schrittweise Fortschreiten im Projektlablauf. Für jeden der Prozesse schlägt PRINCE2 eine Anzahl von Aktivitäten und damit verbundene Managementprodukte und Verantwortlichkeiten vor.

4. **PRINCE2 an die Projektumgebung anpassen** – stellt die individuelle Anpassung der PRINCE2-Methode an die Bedürfnisse des Projekts dar. Dabei hängen die Parameter nicht nur von den Variablen des Projekts ab, sondern sind ebenfalls durch die Umgebung des Projekts vorgegeben.

2.2 Weitere Methoden der OGC

PRINCE2 ist Teil einer Reihe von Methoden, die durch das Office of Government Commerce (OGC) entwickelt wurden (siehe Abbildung 2.2). Das Set von Methoden ist darauf ausgerichtet, Organisationen und Personen beim effizienten und durchgängigen Managen ihrer Projekte, Programme und Services zu unterstützen.

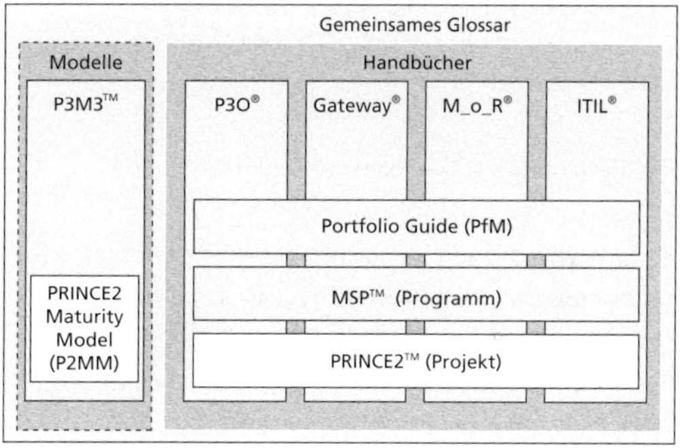

Abb. 2.2 Best Practice Methoden des OGC (Quelle: Erfolgreiche Projekte Managen mit PRINCE2™, OGC)

P3M3™ – P3M3 ist ein Reifegrad-Modell für Portfolio-, Programm- und Projektmanagement basierend auf in der Praxis bewährten Verfahren. P3M3 unterteilt die gewichtigen Einzeldisziplinen Portfolio-, Programm- und Projektmanagement in eine geordnete Folge von Schlüsselprozessgebieten (Key Process Areas, KPAs). P3M3 unterscheidet fünf Reifegradstufen.

P2MM – Das PRINCE2-Reifegrad Modell (PRINCE2 Maturity Model) beschreibt einen Satz von Schlüsselprozessgebieten (KPAs), die für eine effektive Einführung und Nutzung von PRINCE2 entscheidend sind. P2MM leitet sich von P3M3 ab.

P3O™ – P3O steht für Portfolio-, Programm- und Projektbüro (Portfolio, Programme and Project Office) und gibt Empfehlungen, nach welchen Richtlinien ein solches Büro zu definieren, einzuführen und zu betreiben ist. Das Büro des Projektmanagements hat sich als PMO im Deutschen als eigener Begriff etabliert (Project Management Office).

Gateway™ – Der OGC Gateway Review Prozess ist ein etabliertes Vorgehen zur Sicherung von Projekten und Programmen. Ab einem gewissen Risiko ist seine Einhaltung zwingend vorgeschrieben bei allen Programmen und Projekten der Regierung von Großbritannien.

M_O_R® – Das Vorgehensmodell M_O_R (Management of Risk) gibt Vorgaben für den Umgang mit Risiken im Projekt. Dabei wird die Betrachtung auf den Kontext der weiteren Geschäftsumgebung ausgedehnt.

ITIL® – Basierend auf bewährten Verfahren stellt ITIL einen zusammenhängenden Satz von Empfehlungen für das IT-Service-Management zur Verfügung (IT Infrastructure Library).

PfM – beschäftigt sich mit den wichtigsten Prinzipien des Portfolio-Managements, der Ausrichtung und des Managements aller Programme und Projekte eines Unternehmens an den strategischen Geschäftsplänen.

MSP™ – Das erfolgreiche Steuern einer Vielzahl von Projekten im Rahmen eines Programms beschreibt MSP auf Basis von zusammengestellten und bewerteten Erfahrungen im Programmmanagement (Managing Successful Programs).

2.3 Was stellt PRINCE2 nicht bereit?

Drei Themen werden bewußt nicht in PRINCE2 behandelt:

Spezialistenaspekte – Die Stärke von PRINCE2 ist die große Anwendungsbreite. Konsequent wurden industriespezifische oder typspezifische Aktivitäten außen vor gelassen. Gerade dies ermöglicht PRINCE2 eine einfache Koordination von fachspezifischen Aufgaben innerhalb des Projektlebenszyklus.

Spezifische Techniken – Es gibt viele bewährte Planungs- und Kontrolltechniken, die bereits in anderen Quellen gut beschrieben sind. PRINCE2 nennt und beschreibt nur Techniken, die zu einem speziellen PRINCE2-Vorgehen beitragen, wie zum Beispiel die produktbasierte Planungstechnik für das Entwickeln von Plänen.

Führungsqualitäten – und andere soziale Fähigkeiten sind außerordentlich wichtig für das Projektmanagement. Gleichzeitig sind sie nicht vermittelbar in einer Methode. Soziale Fähigkeiten und ihre Entwicklung sind außerhalb von PRINCE2 beschrieben. Die Themen und Prozesse von PRINCE2 ermöglichen und erfordern aber einen zielgerichteten Einsatz von sozialen Fähigkeiten und liefern so einen wichtigen Beitrag zum Projekterfolg.

2.4 Vorteile von PRINCE2

PRINCE2 erzeugt einen Gewinn für alle am Projekt beteiligten Parteien und vor allem für die Kunden, die Lieferanten und den Projektmanager. Die Vorteile im Einzelnen:

- basiert auf bewährten Erfahrungen (Best Practice), vielfach anerkannt
- anwendbar für jeden Typus von Projekt

- stellt einen einheitlichen Ansatz sowie einen gemeinsamen Sprachgebrauch zur Verfügung
- lässt sich einfach mit industriespezifischen Standards integrieren
- behält sich Entscheidung über Ressourceneinsatz vor
- gründlicher und effizienter Aufbau von Reports
- beschränkt Sitzungen auf die wirklich wichtigen
- unterstützt den Lernprozess, Erfahrungsaustausch und die kontinuierliche Verbesserung in Organisationen
- unterstützt die Wiederverwendung von Dingen und Erfahrungen, ermöglicht die Mobilität von Mitarbeitern
- klare Rollen und Verantwortlichkeiten für alle Projektteilnehmer
- kontinuierliche Rechtfertigung für den Fortschritt des Projekts
- Beteiligung aller Interessengruppen (stakeholder) an Planungen und Entscheidungen innerhalb des Projekts
- Managemententscheidungen von dem Unternehmens- bzw. Programmmanagement werden nur bei Abweichungen vom Plan notwendig (Management by Exception)
- Fokus auf den Produkten: Was wird das Projekt liefern?
- Die Pläne stimmen mit den Anforderungen der unterschiedlichen Managementebenen überein
- Qualitätskontrolle während des gesamten Projektlebenszyklus
- Geschäfts- und Projektrisiken werden überwacht und gesteuert
- Sicherstellen, dass Probleme eskaliert werden
- Werkzeuge zur Statusbewertung und Sicherung des Projekts

2.5 Zur Nutzung dieses Taschenbuchs

Dieses Buch kann natürlich von vorn nach hinten gelesen werden. Aber dem Leser, der einen schnellen Überblick in die PRINCE2-Methode sucht, sei empfohlen, speziell die Einführung (Kapitel 1 und 2) zusammen mit den Prinzipien und den Überblick über die Themen (Kapitel 3 und 5) sowie die Einführung in die PRINCE2-Prozesse (Kapitel 13) zu lesen.

Der obersten Managementebene in Projekten sei zusätzlich Kapitel 15 (Lenken eines Projekts) und Kapitel 21 (Anpassen eines Projekts an die Projektumgebung) empfohlen.
Fragestellungen zu speziellen Punkten können direkt in den Kapiteln und in den Übersichten des Anhangs nachgeschlagen werden.

PRINCE2-Management-Produkte sind im Anhang A jeweils als Entwurf der Produktbeschreibung zu finden. Anhang B zeigt die Rollen und Verantwortlichkeiten im Detail auf.

Kapitel 3
PRINCE2 Edition 2009 im Vergleich zu 2005

Die wesentliche Verbesserung der Edition 2009 liegt in der stärkeren Gewichtung der Prinzipien. PRINCE2 hat sich zu einem Gesamtwerk entwickelt, das weit mehr ist als eine Sammlung von Rollen und Regelungen (siehe Abbildung 3.1).

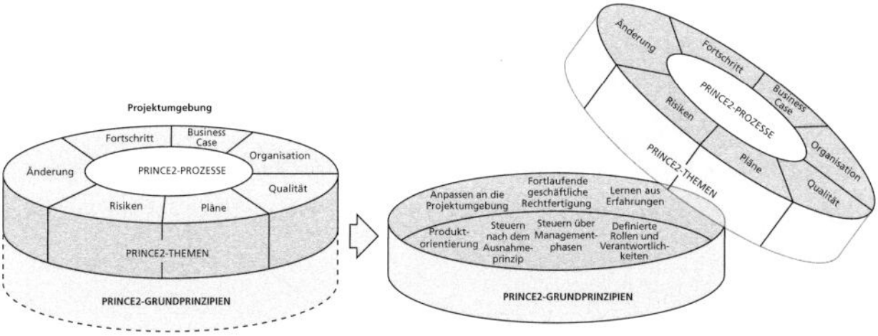

Abb. 3.1 Die PRINCE2 Edition 2009 besitzt eine stärkere Gewichtung auf den sieben Grundprinzipien (Basierend auf OGC PRINCE2 Unterlagen)

3.1 Änderungen an der PRINCE2 Struktur

- Ein zusätzliches Kapitel über Prinzipien stellen diese nun dediziert heraus, während sie davor bei den einzelnen Komponenten behandelt wurden.
- Ein größere Augenmerk wurde auf das Anpassen von Projekten gelegt. Das Maßschneidern (Tailoring) von Projekten hat nun ein eigenes Kapitel bekommen.
- Weniger Vorschriften: Die Betonung liegt auf den Arbeiten im Sinne von PRINCE2 und weniger auf dem Abarbeiten von Vorschriften aus dem Handbuch.

- Weniger Bürokratie: Die Subprozesse wurden gegen Aktivitäten getauscht und die Anzahl der Managementprodukte wurde reduziert.
- Einen größeren Stellenwert nimmt das bewusste Hinterfragen von Erfahrungen ein (Lessons Learned).
- Die Verbindung zu anderen Methoden der OGC wurde gestärkt.
- Auf die Anwendung möglicher Techniken wird bewusster hingewiesen.

3.2 Änderungen am PRINCE2-Buch

- Das Handbuch der QGC wurde von ca. 450 auf ca. 300 Seiten gekürzt. Dies wurde vor allem durch die Streichung von Mehrfachnennungen erreicht.
- Komponenten wurden in Themen überführt. Diese stehen im Handbuch nun vor den Prozessen.
- Die Anzahl der Themen wurde auf sieben reduziert. Die sieben Themen sind: Business Case, Organisation, Qualität, Pläne, Risiken, Änderungen und Fortschritt.
- Das Konfigurationsmanagement wurde in das Thema Änderungen integriert.
- Die Komponente Steuerungsmittel (Controls) wurde in das Thema Fortschritt (Progress) integriert.
- Der Abschnitt Techniken wurde gestrichen. Die relevanten Inhalte werden bei den jeweiligen Themen erläutert.
- Die Anzahl der Prozesse wurde auf sieben reduziert. Der Prozess Planen ist im Thema Pläne aufgegangen.
- Das Handbuch der OGC trägt den Titel 'Erfolgreiche Projekte managen mit Prince2' (Managing Successful Projects with PRINCE2). Eine verstärkte Hilfestellung für Mitglieder des Lenkungsausschusses wurde durch die Herausgabe eines zweiten Buchs gegeben. Das Buch 'Erfolgreiches Lenken von Projekten mit PRINCE2' ('Directing Successful Projects with PRINCE2') vertieft den Inhalt des Prozesses 'Lenken eines Projektes'.

- Der Anhang Risiko-Kategorien wurde entfernt.
- Der Anhang Health Check wurde mit Checklisten versehen.

3.3 Änderungen im Detail

Themen

- **Business Case** – Der Post Project Review Plan wird in der 2009 Edition Nutzenrevisionsplan (Benefits Review Plan) genannt und wird bereits während der Phase 'Initiieren eines Projekts' angelegt und jeweils am Ende einer Phase aktualisiert. Die jeweilige Rechtfertigung für das Fortschreiten im Projekt wird beim Abgleich mit dem Business Case ermittelt. Es wird festgestellt, ob das Projekt und dessen Nutzen noch wünschenswert und realistisch erreichbar sind.
  Im Verlauf des Projekts durchlebt der Business Case mehrere Entwicklungsschritte: Erstellen, Verifizieren, Pflegen und Bestätigen. Der Business Case enthält ebenfalls eine Zusammenfassung der wichtigsten Argumente, des wichtigsten Nutzens und dem Return on Investment (Executive Summary), negative Nebeneffekte (Dis-Benefits) und Nutzentoleranzen.
- **Organisation** – Die vier Ebenen des Managements sind beschrieben als (1) Unternehmens- bzw. Programmmanagement, (2) Lenken, (3) Managen und (4) Liefern.. Die Rolle des Änderungsausschusses (Change Authority) ist jetzt ebenfalls in der Organisationsstruktur aufgezeigt. Der Konfigurationsadministrator (Configuration Librarian) ist der Projektunterstützung (Project Support) zugeordnet. In Übereinstimmung mit MSP (Managing Successful Programmes) formuliert der Benutzervertreter (Senior User) den/die Nutzen und ist verantwortlich, gegenüber dem Unternehmens- bzw. Programmmanagement nachzuweisen, dass der tatsächlich erzielte Nutzen dem erwarteten Nutzen entspricht.
- **Qualität** – Zum Thema Qualität fokussiert sich PRINCE2 nun stärker auf die Produkte. Der Qualitätspfad (path of quality) wurde

angepasst. Als Qualitätskontrollpfad (quality audit trail) vereint er zwei sich überlappende Aktivitäten: (1) die Qualitätsplanung und (2) die Qualitätssteuerung. Die Produktbeschreibung des Projektendprodukts (Project Product Description) wird neu eingeführt. Diese enthält die Kundenqualitätserwartungen (Customer's Quality Expectations), die Projektabnahmekriterien (Acceptance Criteria) sowie die Qualitätstoleranzen (Quality Tolerances). Der Projektqualitätsplan (Project Quality Plan) wird durch die Qualitätsmanagementstrategie (Quality Management Strategy) ersetzt. Der Umfang des Plans wird als absolute Summe seiner Produkte definiert.

- **Pläne** – Die Beschreibung des Endproduktes des Projekts wird neu in der Produktbeschreibung des Projektendprodukts (Project Product Description) abgelegt. Die Technik der produktbasierten Planung (Product Based Planning) ist freier geworden: „Bei der Präsentation des Produktstrukturplans können verschiedene Formen, Stilrichtungen und Farben für verschiedene Arten von Produkten benutzt werden".
- **Risiken** – Das gesamte Kapitel wurde neu geschrieben, sodass es in Übereinstimmung mit M_O_R™ (Management of Risk) ist. Mögliche Reaktionen wurden definiert und die Rollen von Risikoeigentümer (Risk Owner) und Risikobearbeiter (Risk Auctioneer) werden unterschieden.
- **Änderungen** – Das Projekttagebuch (Daily Log) wird nun benutzt, um Probleme und Bedenken zu dokumentieren, die informell durch den Projektmanager (Project Manager) bearbeitet werden. Der Prozess der Bearbeitung von offenen Punkten (Issues) und der Änderungssteuerung (Change Control) wurde verbessert. Das Konfigurationsmanagement (Configuration Management) wurde integriert.
- **Fortschritt** – Dieses Thema löst die Komponente Steuerungsmittel (Controls) ab. Die Bezugnahme zu den Prozessen Vorbereiten eines Projekts (Starting Up a Project) und Abschließen eines Projekts (Closing a Project) wurden entfernt.

Prozesse

- **SU: Vorbereiten eines Projekts (Starting up a Project)**
  Zusätzlich zu den bestehenden Aktivitäten wird der Prozess 'Vorbereiten eines Projekts' um die Tätigkeit 'Vorhandene Erfahrungen erfassen' (Capture Previous Lessons) erweitert. Die Struktur des Projektmanagementteams, die Rollenbeschreibungen, der Projektlösungsansatz (Project Approach) und die Produktbeschreibung des Projektendprodukts (Project Product Description) sind jetzt Teil der Projektbeschreibung (Project Brief). Zusätzlich werden das Projekttagebuch (Daily Log) und das Erfahrungsprotokoll (Lessons Log) in SU erstellt.
- **DP: Lenken eines Projekts (Directing a Project)**
  DP beginnt nun erst nach SU. Der Prozess bleibt weitgehend unverändert.
- **IP: Initiieren eines Projekts (Initiating a Project)**
  IP beginnt mit dem Erstellen der Risiko-, Qualitäts-, Konfigurations- und Kommunikationsmanagementstrategien. Auch die drei Register (offene Punkte, Risiko und Qualität) und die Projektleitdokumentation (Project Initiation Documentation, PID) werden in diesem Prozess erstellt. Teil des PID ist eine Darstellung, wie die PRINCE2-Methode für das konkrete Projekt angepasst wird.
- **CS: Steuern einer Phase (Controlling a Stage)**
  Die Aktivitäten 'Offene Punkte und Risiken erfassen und untersuchen' (Capture and examine issues and risks) sind nun zusammengefasst.
- **MP: Managen der Produktlieferung (Managing Product Delivery)**
  Der Prozess MP bleibt weitgehend unverändert.
- **SB: Managen eines Phasenübergangs (Managing a Stage Boundary)**
  Die Aktivität 'Aktualisierung des Risikoregisters' besteht nicht mehr eigenständig und wurde in die Aktivität 'Business Case aktualisieren' integriert. Die Projektleitdokumentation und der Nutzenrevisionsplan (Benefits Review Plan) werden aktualisiert. Das Erstellen eines Erfahrungsberichts (Lessons Report) und das Dokumentieren

von 'Empfehlungen für Folgeaktionen' (Follow-on Actions Recommendations) können bei Bedarf Teil des Prozesses SB sein.

CP: Abschließen eines Projekts (Closing a Project)

Der Erfahrungsbericht (Lessons Report) und die 'Empfehlungen für Folgeaktionen' (Follow-on Actions Recommendations) sind nun Teil des Projektabschlussberichts (End Project Report). Weiterhin wurde die Aktivität 'Produkte übergeben' (Hand over Products) eingeführt.

Anpassung von PRINCE2 an die Projektumgebung (Tailoring)

Dies ist ein neues Kapitel. Während in der Vergangenheit dieser Aspekt über mehrere Kapitel verteilt angesprochen wurde, wird die Anpassung von PRINCE2 nun in einem Kapitel zusammengefasst und ist im Vergleich zur 2005 Edition aufgewertet worden. Es wird auf zwei Schwerpunkte eingegangen: (1) Implementieren von PRINCE2 in die Organisation und (2) Anpassen von PRINCE2 an die Projektumgebung.

Ein besonderes Augenmerk ist auf die Anpassung von Projekten in einer Programmumgebung gelegt worden. Weiterhin wird die Anpassung in Bezug auf Projektgröße, externe Kunden / Lieferanten, Multi-Organisationsprojekte, verschiedene Typen von Projekten und Unterschiede in unterschiedlichen Sparten erläutert.

Anhänge

A. Vorlagen für Produktbeschreibungen (Product Description outlines)

Die Anzahl der Produktbeschreibungen wurde von 36 auf 26 reduziert. Das Format und die Darstellung der individuellen Produkte wurden geändert.

B. Governance (Governance)

Dieser Anhang ist neu und zeigt auf, wie PRINCE2 die Prinzipien der Gesellschaft für Projektmanagement Großbritanniens (Association for Project Management, APM) in Bezug auf Governance umsetzt.

C. Rollen und Verantwortlichkeiten (Roles and Responsibilities)

Die Rolle des Änderungsausschusses (Change Authority) wurde hinzugefügt. Dagegen wurde die Rolle des Projektbüros (Project Support Office) nicht weitergeführt. Die Rolle des Konfigurationsadministrators (Configuration Librarian) wurde in die Rolle der Projektunterstützung (Project Support) integriert.

D. Beispiel für die Produktbasierte Planung (Product Based Planning Example)

Dieses Beispiel ist von der Technik Produktbasierte Planung zum Anhang D verschoben worden. Die Produktbeschreibung des Projektendprodukts (Project Product Description) und ein Beispiel für einen Produktstrukturplan (Product Breakdown Structure) im Mind Map Format sowie als Liste werden dargestellt.

E. Health Check (Health Check)

Waren die Fragebögen in der 2005 Edition zum Großteil nach Komponenten geordnet, so sind sie nun pro Prozess gruppiert. Besondere Beachtung haben die Aktivitäten rund um Lenken eines Projekts (Direct a Project) gefunden.

Weitere Informationen

Eine kleine Übersicht über weitere Methoden des Office of Government Commerce ist in dem Kapitel 'Weitere Informationen' gegeben.

Glossar

Im Vergleich zur 2005 Edition wurde das Glossar deutlich erweitert.

Kapitel 4
Grundprinzipien

Mit PRINCE2 wird eine Projektmanagementmethode bereitgestellt, die unabhängig von Größe, Typ, Komplexität, Kultur und Umgebung ist (siehe Abbildung 4.1). Dies ist möglich, weil PRINCE2 auf Grundprinzipien (Principles) basiert, die universal und erprobt sind und die Leistungsfähigkeit der Methode erhöhen.

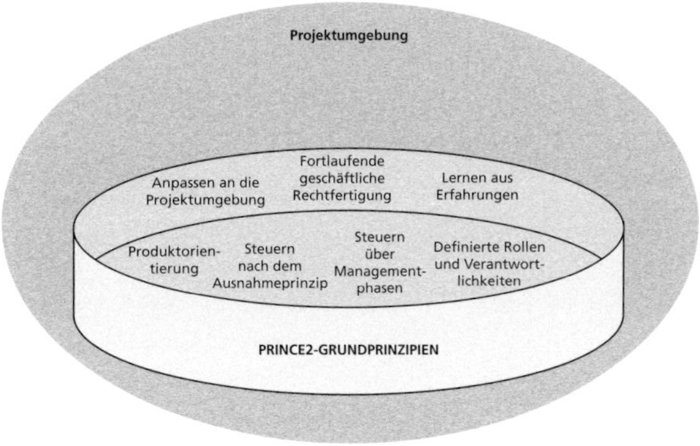

Abb. 4.1 Die Grundprinzipien der PRINCE2 2009 Edition (Basierend auf OGC PRINCE2 Unterlagen)

4.1 Fortlaufende geschäftliche Rechtfertigung (Continued Business Justification)

Voraussetzungen für jedes PRINCE2 Projekt sind:

- Es gibt einen Grund für das Projekt. Dieser Grund ist ausreichend gerechtfertigt, um das Projekt zu starten.

- Der Grund und die Argumentation der Rechtfertigung können sich ändern, aber sie sollten in jedem Abschnitt des Lebenszyklus des Projekts erkennbar sein.
- Die Rechtfertigung sollte dokumentiert und genehmigt sein.

Die Rechtfertigung des Projekts sollte bei jeder Entscheidung berücksichtigt werden. In PRINCE2 ist die Rechtfertigung eines Projekts im Business Case beschrieben. Auch Projekte die gesetzlich verpflichtend sind, benötigen eine offizielle Rechtfertigung, um darzustellen, warum welche Option gewählt wurde, oder um zu erklären, dass einer gesetzlichen Verpflichtung zu genügen ist.

4.2 Lernen aus Erfahrungen (Learn from Experience)

Durch Lernen aus der Erfahrung wird die Methode PRINCE2 perfektioniert:

- Während der Startphase des Projekts sollten bereits gemachte Erfahrungen begutachtet werden, um festzustellen, ob diese für das aktuelle Projekt benutzt werden können.
- Während der Vorbereitung des Projekts sollten gemachte Erfahrungen im Erfahrungsprotokoll erfasst werden. Dabei ist das Ziel permanent nach Verbesserungsmöglichkeiten zu suchen.
- Am Projektende und an den jeweiligen Phasenenden innerhalb des Projekts sollte das Projekt die gemachten Erfahrungen weitergeben.

Generell gilt für Erfahrungsberichte eine Holschuld. Das heißt, dass die Projektbeteiligten permanent nach Erfahrungen suchen sollen, statt darauf zu warten, dass jemand kommt und Erfahrungen anbietet.

4.3 Definierte Rollen und Verantwortlichkeiten (Defined Roles and Responsibilities)

Ein PRINCE2-Projekt hat definierte und vereinbarte Rollen und Verantwortlichkeiten sowie eine Organisationsstruktur, welche die Interessen der jeweiligen Stakeholder (Unternehmen, Benutzer, Lieferant) vertritt:

- Das Unternehmen / Business gibt die Ziele des Projekts vor und stellt sicher, dass der mit dem Projekt erzielte Mehrwert das investierte Geld wert ist.
- Der/die Benutzer werden die Produkte des Projekts anwenden und damit letztlich die Erbringung des Nutzens ermöglichen.
- Die Lieferanten werden die für die Produktlieferung benötigten Ressourcen bereitstellen.

Daher müssen alle drei Stakeholderinteressen in der Projektorganisation vertreten sein.

4.4 Steuern über Managementphasen (Manage by Stages)

Mit PRINCE2 wird ein Projekt geplant, überwacht und gesteuert, indem es in einzelne Phasen aufgeteilt wird. Die Freigabe der jeweils nächsten Managementphase ist ein wichtiger Entscheidungspunkt, der dem Lenkungsausschuss eine Kontrollmöglichkeit gibt. Managementphasen machen den Planungshorizont übersichtlicher. Während ein Projektplan die wichtigen Parameter für das gesamte Projekt enthält, wird eine detaillierter Phasenplan (Stage Plan) für die aktuelle Phase benutzt. Am Ende jeder Phase wird ein Phasenplan der nächsten Phase erarbeitet und der Projektplan aktualisiert.

PRINCE2 benötigt minimal zwei Managementphasen: Eine Initiierungsphase und mindestens eine „Ausführungsphase".

4.5 Steuern nach dem Ausnahmeprinzip (Manage by Exception)

In einem PRINCE2-Projekt werden für jedes Projektziel Toleranzen definiert. Dies ermöglicht das Delegieren von Befugnissen (Authority) und setzt diesen gleichzeitig Grenzen.

Durch klare Festlegung von Zuständigkeit und Verantwortung auf jeder Ebene des Projekts ermöglicht PRINCE2 eine angemessene Steuerung. Im Einzelnen wird dies vor allem durch folgende Punkte erzielt:

- Delegieren von Befugnissen, so dass Toleranzen bezüglich der Projektziele (Zeit, Kosten, Qualität, Umfang, Nutzen und Risiken) für jede Ebene des Plans gesetzt werden.
- Steuerungsmittel einführen, so dass es möglich wird, bereits bei der Vorhersage von Toleranzüberschreitung mit der nächst höheren Managementebene Rücksprache zu halten und eine Entscheidung bezüglich möglicher Optionen zu treffen.
- Etablieren von Sicherheitsmechanismen, um sicherzustellen, dass die eingeführten Steuerungsmittel effektiv sind.

Steuern nach dem Ausnahmeprinzip ermöglicht eine effektive Nutzung der Zeit der Mitglieder des Lenkungsausschuss und reduziert zeitraubende Sitzungen, womit Projekte oft belastet sind.

4.6 Produktorientierung (Focus on Products)

Ein PRINCE2-Projekt ist an der Definition und Lieferung der Produkte, speziell Ihrer Qualitätskriterien, ausgerichtet.

Ein erfolgreiches Projekt ist ergebnis- und nicht aktivitätenorientiert. Ein ergebnisorientiertes Projekt vereinbart und definiert die Produkte des Projekts inklusive der Qualitätsanforderungen und Akzeptanzkriterien. Eine Alternative wäre das Vorschreiben aller Aktivitäten, die zur Erzeugung des Produktes notwendig sind. Die vereinbarten Produkte beschreiben den Umfang des Projekts und liefern die Basis für Planung und Steuerung. Ohne die Fokussierung auf die Produkte sind Projekte vielen Risiken ausgesetzt, zum Beispiel Akzeptanzstreitigkeiten, einer schleichenden Veränderung des Umfangs, Nutzerunzufriedenheit oder Unterschätzung der Abnahmeverfahren.

4.7 Anpassen an die Projektumgebung (Tailor to Suit the Project Environment)

PRINCE2 kann an die Bedürfnisse des Projekts in Bezug auf seine Umgebung, des Umfangs, der Komplexität, der Wichtigkeit, der Leistungsfähigkeit und des Risiko angepasst werden. Dies ermöglicht, dass

- die Projektmanagementmethode zu dem spezifischen Umfeld des Projekts passt, beispielsweise zu industriespezifischen Modellen, internen Unternehmensstandards oder zur Reife der Organisation und Kultur,
- die Steuerungsmittel an den Faktoren Größe, Komplexität, Wichtigkeit, Kapazität und an den Risiken ausgerichtet sind.

Das Maßschneidern von PRINCE2 erfordert einen aktiven Entscheidungsprozess darüber, wie die Methode angewendet werden soll. Um sicherzustellen, dass jede an dem Projekt beteiligte Person versteht, wie PRINCE2 für dieses Projekt angepasst wurde, sollte die projektspezifische Anpassung in der Projektleitdokumentation dokumentiert sein.

Kapitel 5
Einführung in die PRINCE2-Themen (Themes)

Die PRINCE2-Themen beschreiben die Aspekte des Projektmanagements, die während des gesamten Projekts regelmäßig berücksichtigt werden müssen (siehe Abbildung 5.1).

Business Case	➢	Warum?
Organisation	➢	Wer?
Qualität	➢	Was?
Pläne	➢	Welche? Wie? Wie viel? Wann?
Risiken	➢	Was ist, wenn?
Änderung	➢	Was sind die Auswirkungen?
Fortschritt	➢	Wo stehen wir jetzt? Wohin gehen wir? Sollen wir weitermachen?

Abb. 5.1 Die PRINCE2 Themen (Basierend auf OGC PRINCE2 Unterlagen)

Das Thema **Business Case** – beschreibt, wie die Projektidee in einen für die Organisation realisierbaren Investitionsplan umgesetzt wird. Weiterhin stellt der Business Case sicher, dass die Ziele des Projektmanagement über die gesamte Projektlaufzeit aufrechterhalten werden.

Das Thema **Organisation** – beschreibt die Rollen und Verantwortlichkeiten innerhalb der befristeten Projektorganisation, die notwendig sind um ein Projekt effektiv zu managen.

Das Thema **Qualität** – beschreibt, wie Qualitätskriterien entwickelt werden und wie das Projektmanagement sicherstellt, das Projektergebnisse geliefert werden, die diesen Qualitätskriterien entsprechen.

Das Thema **Pläne** – beschreiben die Schritte, die notwendig sind um Pläne

zu entwickeln. PRINCE2 schlägt vor die produktbasierte Planungstechnik anzuwenden.
Das Thema **Risiken** – beschreibt, wie das Projektmanagement mit Unsicherheiten in den Plänen und in der Projektumgebung umgeht.
Das Thema **Änderungen** – beschreibt, wie das Projektmanagement offene Punkte identifiziert und mit ihnen umgeht. Offene Punkte können das Potenzial haben, wichtige Aspekte des Projekts zu beeinflussen. Offene Punkte können nicht vorhersehbare Probleme, Bedenken, Änderungsanträge oder Hinweise auf Qualitätsprobleme sein.
Über den gesamten Projektverlauf thematisiert das Thema **Fortschritt** – die Realisierbarkeit der Pläne. Die Einschätzung der Realisierbarkeit hat Einfluss auf den Freigabeprozess der einzelnen Pläne sowie auf die Leistungsüberwachung, auf korrigierende Maßnahmen und auf den Eskalationsprozess, der eingeleitet wird, sobald eine Abweichung von der Toleranz vorhergesagt wird.

Alle sieben Themen müssen über den gesamten Projektzeitraum angewandt werden. Sie können aber an die konkreten Projekterfordernisse angepasst werden.

Kapitel 6
Business Case

6.1 Der Zweck des Business Case

Mit dem Business Case wird ein zentrales Entscheidungskriterium etabliert. Anhand des Business Case kann entschieden werden, ob das Projekt weiterhin erwünscht ist, ob es durchführbar ist und ob es in der Lage ist, die angestrebten Ziele zu erreichen. Diese Fragen müssen stets in Bezug auf die Investitionen des Projekts beantwortet werden.

Jedes Projekt muss eine dauerhafte und geschäftliche Rechtfertigung in Form eines Business Case haben. Der Auftraggeber ist verantwortlich für den Business Case.
In einigen Projekten ist ein Business Case bereits vor dem Projektstart vorhanden. Dieser wird in der Initiierungsphase (IP) verfeinert.

6.2 Definieren eines Business Case

In PRINCE2 wird bei der Erstellung des Business Case
zunächst folgendes differenziert:

- **Output** – werden sämtlich Spezialistenprodukte des Projekts genannt. Diese können materiell oder immateriell sein.
- **Ergebnis (Outcome)** – ist das Resultat der Veränderung welches von der Benutzung des Outputs herrührt.
- **Nutzen (Benefit)** – eine messbare Verbesserung, die aus einem Projektergebnis resultiert und von einem oder mehreren Stakeholdern als Vorteil betrachtet wird.

Aus dem Charakter des Projekts ergeben sich die Ziele. Aus dem Abgleich der Ziele ergibt sich, ob das Projekt noch erwünscht ist und später, ob die Ziele tatsächlich erreicht worden sind.
Die Zielerreichung kann unterschiedlich festgestellt werden, jeweils abhängig vom Typ des Projekts, zum Beispiel:

- gesetzlich verpflichtendes Projekt;
- gemeinnütziges Projekt;
- Forschungs- und Entwicklungsprojekt;
- Kunden / Lieferanten-Projekt;
- Multiorganisations-Projekt.

Einige dieser Projekte werden rein am finanziellen Erfolg, der Kapitalrendite (Return on Investment, ROI), gemessen. Der Erfolg anderer Projekte mag komplett am nicht finanziellen Nutzen gemessen werden. Unabhängig vom Typ des Nutzens bleibt für jede Investition die Frage zu beantworten: Sind die aktuell im Projekt angestrebten Ziele wünschenswerter, lebensfähiger und realisierbarer als andere denkbare Optionen?

6.3 Der PRINCE2-Ansatz des Business Case

Der Business Case wird zu Beginn des Projekts oder davor **entwickelt** und über alle Lebensphasen des Projekts **aktualisiert**. Der Business Case wird vom Lenkungsausschuss (Project Board) bei jeder wichtigen Entscheidung, zum Beispiel bei der Phasenabschlussbewertung (End Stage Assessment) **geprüft**, sodass für eine Phase **bestätigt** werden kann, dass der erwartete Nutzen erreicht wurde (siehe Abbildung 6.1).

Neben dem Business Case wird der Nutzenrevisionsplan (Benefits Review Plan) entwickelt und gepflegt sowie regelmäßig überprüft. Der Nutzenrevisionsplan ist die Basis, auf welcher bewertet werden kann, ob der erwartete Projektnutzen erreicht worden ist.

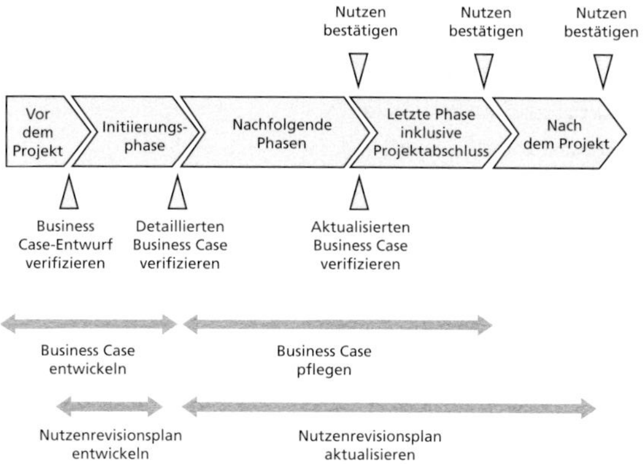

Abb. 6.1 Entwicklungspfad des Business Case (Quelle: Erfolgreiche Projekte Managen mit PRINCE2™, OGC)

6.3.1. Erstellen des Business Case

Der Auftraggeber (Executive) ist für den Business Case verantwortlich. Dabei kann die Erstellung durchaus an den Projektmanager (Project Manager) oder einen Business Analysten delegiert werden. Der Lenkungsausschuss (Project Board) sollte in Erwägung ziehen die Projektsicherung (Project Assurance) bei der Erstellung des Business Case unterstützend einzusetzen.

Der erste Entwurf des Business Case wird bereits im Prozess Vorbereiten eine Projekts (Starting up a Project) entwickelt und ist Teil der Projektbeschreibung (Project Brief). Der Entwurf des Business Case kann vom Projektmandat (Project Mandate) abgeleitet sein. Im Prozess Initiieren eines Projekts (Initiating a Project) wird der vollständige Business Case entwickelt.

Der Lieferant kann für seinen Teil einen eigenen Business Case haben, gerade wenn es sich um einen externen Lieferanten handelt. Mit dem Business Case eines PRINCE2-Projekts ist aber immer der Business Case des Kunden gemeint.

6.3.2. Prüfen und Aktualisieren des Business Case

Der Business Case wird geprüft und aktualisiert wie im Folgenden beschrieben:

- am Ende des Prozesses 'Vorbereiten eines Projekts' (SU), um die Initiierung des Projekts zu starten, verantwortlich: Lenkungsausschuss;
- am Ende des Prozesses 'Initiierung eines Projekts' (IP), um das Projekt zu autorisieren, verantwortlich: Lenkungsausschuss;
- als Teil der Auswirkungsanalyse von offenen Punkten (Impact Assessment), verantwortlich: Projektmanager (Project Manager);
- als Teil des Ausnahmeplans (Exception Plan), um eine überarbeitete Phase und das Fortschreiten des Projekts zu autorisieren, verantwortlich: Lenkungsausschuss;
- am Ende jeder Phase ; verantwortlich: Projektmanager;
- am Ende jeder Phase, um die nächste Phase und das Fortschreiten des Projekts zu autorisieren; verantwortlich: Lenkungsausschuss ;
- während der finalen Phase; verantwortlich: Projektmanager;
- während des Prozesses 'Abschließen eines Projekts' (CP) um eine akkurate Grundlage für die Nutzenrevision (Benefits Review) sicherzustellen, verantwortlich: Lenkungsausschuss;
- als Teil der Nutzenrevision (Benefits Review), um den Erfolg der Projektergebnisse in Bezug auf Ihren Nutzen einzuschätzen.

Es liegt in der Verantwortlichkeit des Auftraggebers (Executive), den Stakeholdern gegenüber sicherzustellen, dass das Projekt in dem gesamten Projektzeitraum wünschenswert und machbar bleibt und dessen Ziele erreichbar bleiben.

6.3.3. Den Nutzen bestätigen

Das Vorgehen, um den Nutzen zu bestätigen, sieht wie folgt aus:

- Identifiziere den Nutzen.
- Wähle Zielkenngrößen, die verlässlich den Nutzen belegen.
- Wähle Vergleichswerte (Baseline), mit deren Hilfe eine Einheit überwacht und kontrolliert werden kann.
- Definiere wie, wann und durch wen der Nutzen gemessen wird.

Der Benutzervertreter (Senior User) spezifiziert den Nutzen und ist im Anschluss gegenüber dem Unternehmens- bzw. Programmmanagement verantwortlich zu demonstrieren, dass der durch das Projekt erbrachte Nutzen tatsächlich dem vorhergesagten Nutzen entspricht.

Der Nutzenrevisionsplan (Benefits Review Plan) wird erstmalig in dem Prozess Initiieren eines Projekts erstellt und an jedem Phasenübergang aktualisiert. Im Prozess Abschließen eines Projekts wird er final verabschiedet. Verantwortlich ist der Projektmanager.

6.4 Die Inhalte des Business Case

Der Business Case sollte folgende Inhalte wiedergeben:

- **Zusammenfassung (Executive Summary).**
- **Gründe (Reasons)** Warum wird das Projekt benötigt und wie wird das Projekt die Strategien und Ziele des Business unterstützen?
- **Optionen (Business Options)** Im Business Case sollten verschiedene Optionen dargestellt und verglichen werden. Minimal sollten folgende Optionen dargestellt und verglichen werden: Keine Änderung (Do Nothing), minimale Anpassungen (Do the Minimum) und spezifizierte Änderungen (Do Something).
- **Erwarteter Nutzen (Expected Benefits)** Ob monetär oder nicht-monetär: Jeder identifizierte Nutzen sollte auf die Geschäftsziele und Strategien abgestimmt werden, unter Bezugnahme auf die vom Projekt

bereitgestellten Outputs. Zu diesen Outputs, also zu den erzeugten Spezialistenprodukten, soll dargestellt werden, wie der erwartete Nutzen quantifiziert und gemessen wird und wer ihn verantwortet. Jedem Nutzen soll eine Toleranz zugeordnet sein.

- **Erwartete negative Nebeneffekte (Expected Dis-Benefits)** sind Ergebnisse des Projekts, die von einem oder mehreren Stakeholdern als Nachteil eingeschätzt werden.
- **Zeitrahmen (Timescale)** Die Periode, in der Projektkosten anfallen und auf der Kosten-Nutzen-Analysen basieren werden.
- **Kosten (Costs)** Abgeleitet vom Projektplan zusammen mit den Annahmen, auf denen die Planung beruht. Die Kosten umfassen ebenfalls Projektfolgekosten für den Betrieb, die Wartung und Finanzierung.
- **Investitionsrechnung (Investment Appraisal)** Bewertung von Beschaffungs-, Betriebs- und Wartungskosten und Vergleich gegen den monetären Wert des Nutzen über eine definierte Zeitspanne.
- **Hauptrisiken (Major Risks)** Zusammenfassung von Risiken (Risikoprofil) und die Herausstellung von Risiken mit einem hohen Schadenspotenzial oder einer sehr hohen Eintrittswahrscheinlichkeit.

6.5 Verantwortlichkeiten des Business Case

Die relevanten Verantwortlichkeiten zum Thema Business Case sind in Tabelle 6.1 aufgeführt.

Unternehmens- bzw. Programmmanagement • Projektmandat bereitstellen und Vorgaben für die Erstellung des Business Case geben • Benutzervertreter (Senior User) ernennen, der für die Realisierung der Nutzen verantwortlich ist • Verantwortlich für Nutzenrevisionsplan (Benefits Review Plan) nach Projektabschluss **Auftraggeber (Executive)** • Verantwortet Business Case für die Zeitspanne des Projekts • Genehmigt den Nutzenrevisionsplan • Stellt sicher, dass Ausrichtung des Projekt mit Business-Strategie in Einklang ist • Stellt Finanzierung sicher **Benutzervertreter (Senior User)** • Legt den Nutzen des Projekts fest, unter dessen Maßgabe der Business Case genehmigt ist • Stellt sicher, dass das gewünschte Projektergebnis spezifiziert ist • Stellt sicher, dass das Projekt Produkte mit den gewünschten Ergebnis produziert • Stellt sicher, dass der erwartete Nutzen erreicht wird • Liefert für die Nutzenrevision (Benefits Review) eine Einschätzung, ob der vorhergesagte Nutzen erreicht wurde **Lieferantenvertreter (Senior Supplier)** • Genehmigt den Business Case des Lieferanten (wenn vorhanden) • Bestätigt, dass benötigte Produkte zu den angenommenen Kosten und in der geschätzten Zeit geliefert werden können	**Projektmanager (Project Manager)** • Business Case erstellen (im Auftrag des Auftraggebers) • Führt Auswirkungsanalysen bezüglich Offener Punkte (Issues) und Risiken (Risks) durch. • Prüft und aktualisiert den Business Case am Ende jeder Phase • Ermittelt und berichtet die Projektleistung am Projektende **Projektsicherung (Project Assurance)** • Unterstützt beim Entwickeln des Business Case • Stellt sicher, dass die Wirtschaftlichkeit des Business Case regelmäßig geprüft wird • Überwacht Änderungen des Projektplans, um Einflüsse auf den Business Case zu erkennen • Prüft und überwacht Business Case bezüglich Offener Punkte (Issues) und Fortschritt • Überprüft die Auswirkungsanalysen (Impact Assessments) auf den Projekt Plan und Business Case • Überwacht Projektfinanzen im Auftrag des Kunden • Stellt sicher, dass das Projekt mit der Strategie des Unternehmens- bzw. Programmmanagements in Einklang ist • Prüft und überwacht Nutzenrevisionsplan (Benefits Review Plan) auf Übereinstimmung mit Unternehmens- bzw. Programmmanagement **Projektunterstützung (Project Support)** • Speichert und schützt den Business Case nach den Regeln des Konfigurationsmanagements • Unterrichtet Projektmanager über Änderungen, die den Business Case beeinflussen können

Tabelle 6.1 Rollen und Verantwortlichkeiten zum Thema Business Case (Basierend auf OGC PRINCE2 Unterlagen)

Kapitel 7
Organisation (Organization)

7.1 Zweck der Organisation

Der Zweck des Themas Organisation ist die Definition der Organisationsstruktur und die Zuordnung von Rechenschaftspflicht und Verantwortung innerhalb des Projekts.

PRINCE2 setzt eine Kunden-Lieferanten-Beziehung voraus. Die Methode nimmt an, dass es einerseits einen Kunden gibt, der das gewünschte Resultat spezifiziert und der bereit ist, für das Projekt zu bezahlen. Andererseits gibt es einen Lieferanten, der die Ressourcen und Fähigkeiten bereitstellt, um das Resultat zu liefern. Kunde und Lieferant können Teil einer Organisation sein. Sie können ebenfalls unterschiedlichen Organisationen angehören. Innerhalb der Kundengruppe können wiederum Benutzer und Vertreter der Geschäftsinteressen des Kunden unterschieden werden.

Ein erfolgreiches Projektmanagementteam sollte:

- aus Vertretern des Unternehmens, der Benutzer und der Lieferanten bestehen
- durch die Definition von Verantwortlichkeiten ein angemessenes Steuern über die drei Projektebenen sicherstellen: Lenken (Directing), Managen (Managing), Produkte liefern (Delivering)
- eine effektive Strategie zur Einbeziehung von Stakeholdern besitzen
- während der Laufzeit des Projekts die Projektkontrollen wiederholt überprüfen, um sich von ihrer Effektivität zu überzeugen

7.2 Organisation - Die Definition

Nach PRINCE2 hat ein Projekt immer drei grundsätzliche Kategorien von Stakeholdern und um ein Projekt als erfolgreich einstufen zu können, müssen die Interessen aller drei Stakeholder befriedigt sein. Die drei Stakeholder, die im Management des Projekts vertreten sein müssen, sind: Unternehmen, Benutzer und Lieferant (siehe Abbildung 7.1).

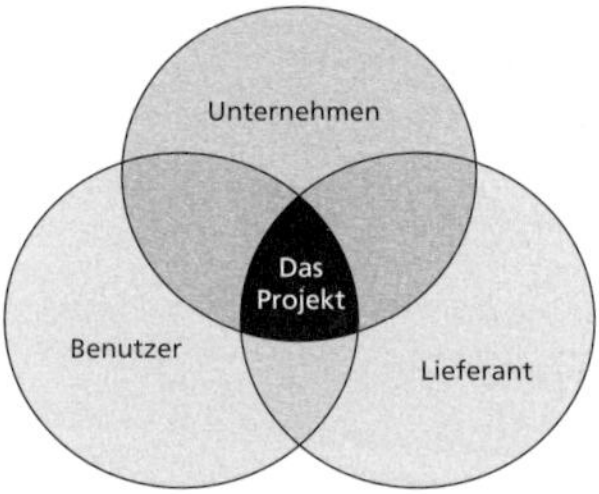

Abb. 7.1 Die drei Stakeholder (Quelle: Erfolgreiche Projekte Managen mit PRINCE2™, OGC)

Das Unternehmen (Business) – Das Projekt sollte einen Gegenwert zum investierten Geld des Unternehmens liefern. Dazu müssen die Produkte des Projekts eine geschäftliche Notwendigkeit erfüllen.
Die Benutzer (User) – werden das Projektergebnis benutzen oder in einer Art und Weise von dem Ergebnis betroffen sein.
Die Lieferanten (Supplier) – werden die notwendigen Ressourcen und Fähigkeiten bereitstellen um die Produkte des Projekts zu liefern.

7.3 Ebenen der Projektorganisation

In einem Projekt lassen sich drei Ebenen der Organisation identifizieren:

- Lenken (Directing)
- Managen (Managing)
- Liefern (Delivering)

In kleinen Projekten kann Managen und Liefern der Produkte kombiniert werden.

Die Projektmanagementstruktur ist in vier Ebenen aufgegliedert, von denen drei das Projektmanagementteam bilden und die vierte Managementebene, das Unternehmens- oder Programmmanagement, außerhalb des Projekts liegt (siehe Abbildung 7.2)

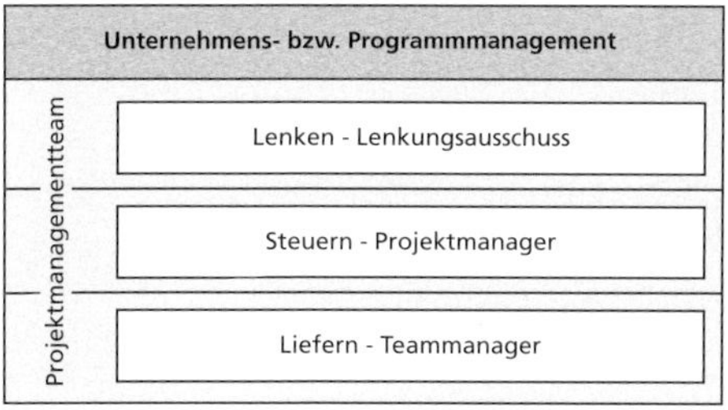

Abb. 7.2 Die vier Managementebenen innerhalb des Projekts (Quelle: Erfolgreiche Projekte Managen mit PRINCE2™, OGC)

Unternehmens- bzw. Programmmanagement (Corporate or Programme Management) - Diese Ebene gehört nicht zum Projektmanagement, ist aber letztlich dafür verantwortlich, das Projekt ins Leben zu rufen und entsprechend der Unternehmens- bzw. Programmstrategie zu führen. Das Unternehmens- oder Programmmanagement trägt die wirtschaftliche Verantwortung für die Bereitstellung und Verwertung der Vorteile, die sich durch die Ergebnisse des Projekts ergeben.

Lenken (Directing) – Der Lenkungsausschuss (Project Board) ist für die Gesamtleitung des Projekts verantwortlich und lenkt das Projekt innerhalb der Toleranzen, die durch das Unternehmens- oder Programmmanagement gesetzt worden sind.

Managen (Managing) – Der Projektmanager (Project Manager) ist verantwortlich für das Tagesgeschäft des Projektmanagements innerhalb der Toleranzen, die durch den Lenkungsausschuss gesetzt wurden.
Liefern (Delivering) – Der Teammanager (Team Manager) ist verantwortlich für das übergebene Arbeitspaket und für die Lieferung des fertigen Arbeitspaketes innerhalb der von dem Projektmanager gesetzten Toleranzen.

Die Projektorganisation besteht aus drei Managementebenen und Teammitgliedern. Die Teammitglieder sind verantwortlich für die Produktion der Produkte des Projekts.

7.4 Projektmanagementteam

Das Projektmanagementteam (Project Management Team) ist eine zeitlich befristete Organisation, die aufgebaut wird, um ein Projekt zu managen. Zusätzlich zum Lenkungsausschuss, dem Projektmanager und den Teammanagern gehören die Projektsicherung (Project Assurance), der Änderungsausschuss (Change Authority) und die Projektunterstützung (Project Support) dem Team an (siehe Abbildung 7.3).

Lenkungsausschuss (Project Board) – ist die höchste Managementebene des Projekts. Der Ausschuss setzt sich zusammen aus Auftrageber (Executive), Benutzervertreter (Senior User) und Lieferantenvertreter (Senior Supplier). Der Lenkungsausschuss besitzt folgende Funktionen:

- trägt die Gesamtverantwortung für den Erfolg des Projekts
- gibt allgemeine Richtlinien und gezielte Anweisungen
- delegiert effektiv zum Projektmanager
- ermöglicht die Zusammenarbeit verschiedener Bereiche
- stellt benötigte Finanzierung und Ressourcen bereit
- stellt sicher, dass Entscheidungen effektiv gefunden und getroffen werden

- stellt effektive Kommunikation innerhalb des Projektteams und mit externen Stakeholdern sicher

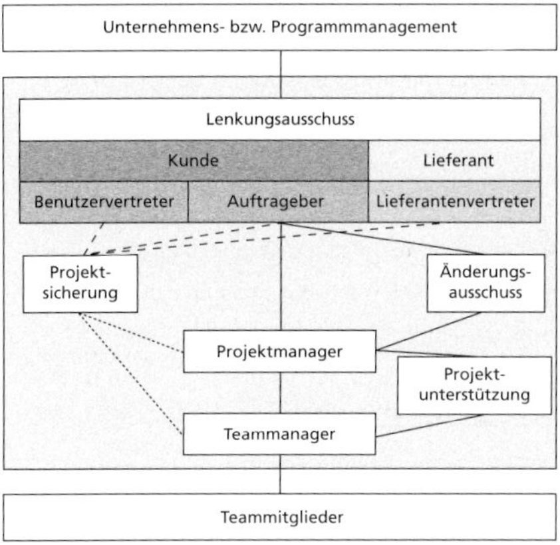

Abb. 7.3 Das Projektmanagementteam (Quelle: Erfolgreiche Projekte Managen mit PRINCE2™, OGC)

Ein guter Lenkungsausschuss besitzt Autorität, Glaubwürdigkeit, die Fähigkeit zu delegieren und ist bei Bedarf erreichbar.

Auftraggeber (Executive) – sitzt im Lenkungsausschuss und ist innerhalb des Lenkungsausschusses der Hauptverantwortliche für den Erfolg des Projekts. Damit ist er derjenige, der die Entscheidungsgewalt hat. In diesem Sinne ist die Art der Entscheidung des Lenkungsausschuss nicht demokratisch. Der Lenkungsausschuss ist lediglich eine Managementplattform, welche die Entscheidungsfindung vorbereitet. Aus Kundensicht ist der Auftraggeber für die dauerhafte Durchführbarkeit des Projekts verantwortlich. In einem Projekt sollte es nur einen Auftraggeber geben.

Benutzervertreter (Senior User) – repräsentiert die Interessen der Benutzer im Lenkungsausschuss. Er ist dafür verantwortlich, dass die

Anforderungen der Benutzer richtig spezifiziert sind, dass die Produkte aus der Benutzerperspektive geprüft werden und dass die notwendigen Ressourcen unter den Benutzern verfügbar sind. Er tauscht sich mit anderen Benutzervertreten aus. Der Benutzervertreter ist dafür verantwortlich, den Nutzen des Projekts zu spezifizieren und hat dem Unternehmens- bzw. Programmmanagement gegenüber nachzuweisen, dass der vorhergesagte Nutzen auch tatsächlich realisiert wurde. Die Rolle des Benutzervertreters kann durch mehr als eine Person besetzt sein.

Lieferantenvertreter (Senior Supplier) – repräsentiert die Interessen der Lieferanten im Lenkungsausschuss. Der Lieferantenvertreter ist verantwortlich für die durch den Lieferanten gelieferten Produkte und deren Qualität. Weiterhin ist der Lieferantenvertreter verantwortlich für die Bereitstellung von Ressourcen und Fähigkeiten durch die Lieferanten und stellt sicher, dass Vorschläge und Angebote bezüglich des Designs und der Realisierung durchführbar und realistisch sind. Die Rolle des Lieferantenvertreters kann durch mehr als eine Person besetzt sein.
Der Lenkungsausschuss sollte die Interessen aller vom Projekt betroffenen Parteien wahrnehmen. Daher können mehrere Lieferanten- und Benutzervertreter ernannt werden. Um aber ein großen und damit oft unflexiblen Lenkungsausschuss zu vermeiden, hat es sich bewährt, stellvertretend nur wenige Repräsentanten für Benutzer und Lieferanten zu entsenden. Diese Repräsentanten können jeweils Gruppen von Lieferanten bzw. Benutzern vertreten (siehe Abbildung 7.4).

Projektsicherung (Project Assurance) – nimmt eine aus dem Lenkungsausschuss abgeleitete Verantwortung wahr. Unabhängig vom Projektmanager überwacht die Projektsicherung alle Aspekte der Leistungserbringung im Projekt. Damit unterstützt die Projektsicherung die Mitglieder des Lenkungsausschusses bei der Erfüllung ihrer Aufsichtspflicht. Die Projektsicherung orientiert sich sowohl an den Aufgabengebieten des Unternehmens als auch an denen der Benutzer und Lieferanten.

Änderungsausschuss (Change Authority) – ist ebenfalls eine delegierte Verantwortlichkeit des Lenkungsausschusses. Der Änderungsausschuss ist die Person oder Gruppe an welche der Lenkungsausschuss die Verantwortung für die Beurteilung von Änderungen oder Spezifikationsabweichungen (Off-Specifications) delegiert. Dabei kann die Verantwortung vollständig oder aber auch nur teilweise delegiert werden.

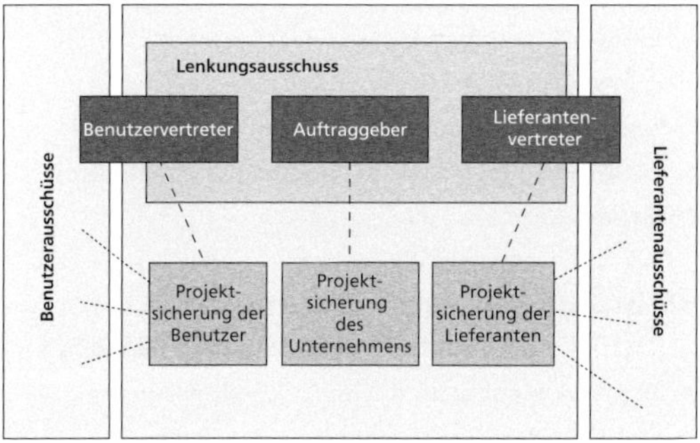

Abb. 7.4 Mögliche Struktur der Repräsentanten (Basierend auf OGC PRINCE2 Unterlagen)

Projektmanager (Project Manager) – ist verantwortlich für das Tagesgeschäft des Projekts im Namen des Lenkungsausschusses. Der Projektmanager ist verantwortlich für die Planung der Arbeit, die Freigabe der Arbeitspakete, das Überwachen des Fortschritts und das Einleiten von korrigierenden Maßnahmen, wenn notwendig. Sollte sich abzeichnen, dass vereinbare Toleranzen überschritten werden, eskaliert der Projektmanager zum Lenkungsausschuss um eine Entscheidung zu erhalten. Der Projektmanager sollte sich mit der Projektsicherung abstimmen. Die Rolle des Projektmanagers sollte nicht geteilt werden.

Teammanager (Team Manager) – ist verantwortlich für die Sicherstellung der Produktion der Produkte, die ihm vom Projektmanager zugewiesen worden sind. Der Teammanager berichtet an den Projektmanager und nimmt Weisungen vom ihm entgegen. Die Verantwortlichkeit des Teammanagers gegenüber dem Projektmanagers ist eine delegierte Verantwortlichkeit des Lieferantenvertreters in Richtung des Auftraggebers. In vielen Projekten gibt es mehr als einen Teammanager.

Projektunterstützung (Project Support) – nimmt eine abgeleitete Verantwortlichkeit des Projektmanagers wahr. Die Projektunterstützung bietet oft administrativen Service und leistet Unterstützung in Spezialfunktionen, wie Planung und Budgetkontrolle. Die Projektunterstützung ist typischer Weise verantwortlich für die Betreuung des Konfigurationsmanagements und der Pflege der Risiko-, Offenen Punkte- und Qualitätsregister.

7.5 Kommunikationsmanagementstrategie (Communication Management Strategy)

Die Kommunikationsmanagementstrategie enthält eine Beschreibung der hauptsächlich und regelmäßig stattfindenden Kommunikation zu internen oder externen Stakeholdern des Projekts. Die Strategie wird im Prozess 'Initiieren eines Projekts' (IP) entwickelt und wird an den Phasenübergängen aktualisiert.

Der Projektmanager ist dafür verantwortlich die Strategie zu dokumentieren und zu pflegen. Der Auftraggeber ist verantwortlich für die Effektivität der Strategie. Die konkreten Kommunikationsaktivitäten sind in den entsprechenden Plänen abgebildet und werden vom Projektmanager überwacht.

Kapitel 8
Qualität (Quality)

8.1 Zweck der Qualität

Innerhalb von PRINCE2 werden durch das Thema Qualität Produktions- und Überwachungsgrundsätze definiert und implementiert, die innerhalb des Projekts sicher stellen, dass die im Projekt produzierten Produkte ihren Zweck erfüllen, dass die Produkte die Erwartungen des Business erfüllen und dass der gewünschte Nutzen erzielt wird.

Der zentrale Ansatz bei dem PRINCE2-Qualitätsvorgehen besteht in dem Focus auf die Produkte. Dieser Focus findet sowohl bei den Spezialistenprodukten, als auch bei den Managementprodukten Anwendung.

Das Erfassen von Erfahrungen und das Ausrichten des Handelns an ihnen ergänzen den PRINCE2-Qualitätsansatz und helfen, eine kontinuierliche Verbesserung zu erreichen.

8.2 Definition der Qualität

Im Allgemeinen ist Qualität definiert als Grad, in dem die Summe aller Eigenschaften und Charakteristika eines Produkts den gestellten Anforderungen gerecht werden.

Der Umfang eines Plans ergibt sich aus der Summe der Produkte und der für die Erstellung notwendigen Aktivitäten. Für PRINCE2 ergibt sich der Plan aus dem Produktstrukturplan und den zugehörigen Produktbeschreibungen. Die Produktbeschreibungen enthalten unter anderem die Qualitätskriterien des herzustellenden Produkts.

8.3 Qualitätsmanagement

Qualitätsmanagement ist definiert als: Koordinierte Aktivitäten, die notwendig sind, um eine Organisation in Bezug auf Qualität zu führen und zu kontrollieren. Ein Qualitätsmanagementsystem (QMS) ist der komplette Satz von Qualitätsstandards, Abläufen und Verantwortlichkeiten für einen Betrieb, einen Einsatzort oder eine Organisation.

Im Kontext von Projekten sollten Betriebe, Einsatzorte oder Organisationen als mehr oder weniger permanente Organisationen interpretiert werden, welche die Projektarbeit (finanziell) unterstützen. Das heißt sie sind extern, verglichen zu der temporären Projektorganisation. Nur ein sehr großes Projekt wird ein eigenes Qualitätsmanagementsystem besitzen.

Der Qualitätsansatz in einem Projekt ist abgeleitet von dem QMS der Kunden- und Lieferantenorganisationen.

Qualitätsplanung
Die Qualitätsplanung ist ein Element des Qualitätsmanagements, das darauf abzielt die Qualitätsziele und die zu ihrer Erreichung notwendigen operativen Prozesse zu beschreiben. Dabei werden die Qualitätskriterien der Produkte, die Qualitätsprüfmethoden und die Qualitätsverantwortlichkeiten der mitwirkenden Personen definiert.

Qualitätssteuerung
Die Qualitätssteuerung versucht durch Planung und Kontrolle von operativen Techniken die Einhaltung der Qualitätsziele zu erreichen. Schwerpunkt der Qualitätssteuerung sind die Techniken und Aktivitäten, die einerseits dafür sorgen, dass die Qualitätserwartungen erreicht werden, zum Beispiel durch Qualitätsprüfungen, siehe Tabelle 8.1 und andererseits Gründe für eine ungenügende Leistung identifizieren und beseitigen (zum

Beispiel durch die Einführung von Prozessverbesserungen als Ergebnis ausgewerteten Erfahrungen).

Qualitätssicherung

Die Qualitätssicherung ist ein Aspekt des Qualitätsmanagements und verfolgt das Ziel Vertrauen aufzubauen, dass die Kundenerwartungen tatsächlich erfüllt werden. Qualitätssicherung ist ein prozessgetriebener Ansatz. Eine der bekanntesten Ausprägungen ist der Deming-Kreislauf (Deming Cycle), entwickelt vom Dr. W. Edwards Deming. Er beschreibt die sich regelmäßig wiederholenden Tätigkeiten des Planes, Umsetzens, Überprüfens und des korrigierenden Eingreifens (PDCA-Zyklus; *Plan, Do, Check, Act)*.
Nach PRINCE2 ist die Qualitätssicherung nicht Teil des Projekts, sondern liegt im Verantwortungsbereich der Unternehmens- bzw. Programmorganisation. Projektbetreffende Aktivitäten zur Qualitätssicherung werden durch die Projektsicherung verantwortet (siehe Tabelle 8.2).

Die PRINCE2-Qualitätsprüfungstechnik - ist ein definierter Prozess zur Bewertung eines Produkts auf Übereinstimmung mit den Qualitätskriterien Die Prüfung wird durch ein für diesen Zweck zusammengestelltes Team durchgeführt.

Ziele	Rollen des Prüfungsteams
• Übereinstimmung mit Qualitätskriterien prüfen • Akzeptanz des Produkts unterstützen und vergrößern • Bestätigung, dass das Produkt fertig gestellt und abnahmebereit ist • Einfrieren (Baseline) des Produkts um Grundlage für Änderungssteuerung zu legen	• Vorsitzender: verantwortlich für Durchführung der Qualitätsprüfung • Produktpräsentator: vertritt den Ersteller des Produkts und stellt das Produkt zur Prüfung vor • Der oder die Prüfer: diese Rolle überprüft das Produkt und bestätigt, dass Korrekturen und / oder Verbesserungen richtig umgesetzt wurden • Prüfungsadministrator: übernimmt administrative Unterstützung, protokolliert Ergebnisse und Maßnahmen

Tabelle 8.1 Qualitätsprüfungstechnik (Basierend auf OGC PRINCE2 Unterlagen)

Projektsicherung	Qualitätssicherung
Gibt den Stakeholdern des Projekts die Sicherheit, dass das Projekt angemessen und ordnungsgemäß durchgeführt wird und mit den vereinbarten Plänen und Standards in Übereinstimmung ist	Gibt dem Unternehmen- oder dem Programmmanagement die Sicherheit, dass das Projekt angemessen und ordnungsgemäß durchgeführt wird und die Standards und Richtlinien eingehalten werden.
Muss vom Projektmanager, von der Projektunterstützung, von den Teammanagern unabhängig sein	Muss vom Projektmanagementteam unabhängig sein
Verantwortlichkeit des Lenkungsausschusses	Verantwortlichkeit des Unternehmens- oder des Programmmanagements
Der Lenkungsausschuss könnte die Qualitätssicherung des Unternehmens- oder des Programmmanagements nutzen um Projektsicherungselemente umzusetzen (zum Beispiel für Qualitätskontrollen).	Qualitätssicherung würde auf eine effektive Projektsicherung drängen und damit sicherstellen, dass Standards und Richtlinien eingehalten werden.

Tabelle 8.2 Beziehung zwischen PRINCE2 Projektsicherung und Qualitätssicherung (Basierend auf OGC PRINCE2 Unterlagen)

8.4 Qualität - Der PRINCE2-Ansatz

Der PRINCE2-Ansatz für Qualität führt zu einem systematischen Vorgehen in Bezug auf Qualitätsplanung und Qualitätssteuerung (siehe Abbildung 8.1).

Qualitätsplanung besteht aus der Entwicklung der Qualitätsmanagementstrategie und dem Definieren der Qualitätserwartungen des Kunden und der Akzeptanzkriterien, welche in der Produktbeschreibung des Projektendprodukts dokumentiert sind.

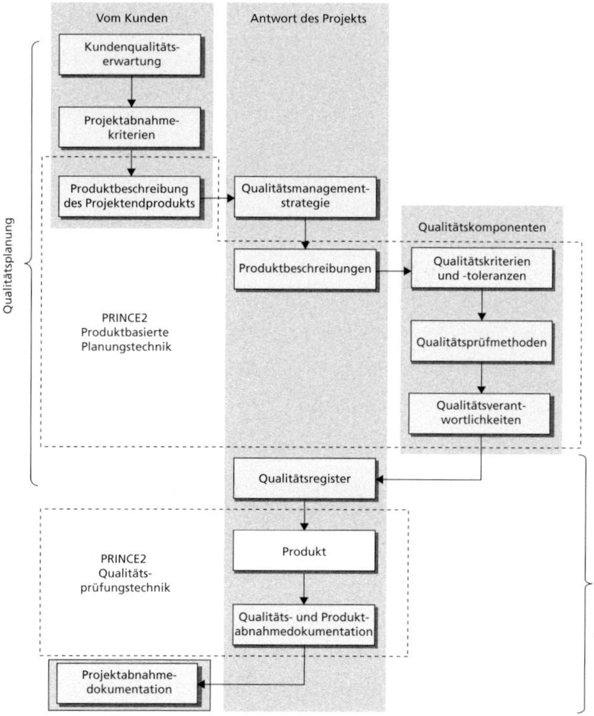

Abb. 8.1 Der Qualitätskontrollpfad (Quelle: Erfolgreiche Projekte Managen mit PRINCE2™, OGC)

Qualitätssteuerung besteht aus der P lanung und der Steuerung der Aktivitäten und operativen Techniken, die sicherzustellen, dass die geschaffenen Produkte den festgelegten Qualitätskriterien der Produkte entsprechen. Die geplanten Aktivitäten werden in dem Qualitätsregister aufgeführt. Deren Status wird im Laufe des Projekts sukzessive aktualisiert. Das Qualitätsregister verweist auf zusätzliche Informationen in den Qualitäts- und Abnahmedokumentationen.

Die Kundenqualitätserwartungen beschreiben die von dem Projektendprodukt erwartete Qualität. Die Projektabnahmekriterien (Acceptance Criteria) muss ein Projektendprodukt erfüllen, bevor der Kunde es akzeptieren wird. Beide Kriterien sind in der Produktbeschreibung des Projektendprodukts aufgeführt. Zusätzlich sind Qualitätstoleranzen auf Projektebene, die Abnahmemethode sowie die Verantwortungen für die Abnahme in der Produktbeschreibung des Projektendprodukts festgelegt.

Die Qualitätsmanagementstrategie beschreibt die Qualitätsmanagementsysteme, Techniken und Standards, die im Projekt einzusetzen sind, sowie die verschiedenen Verantwortlichkeiten für das Thema Qualität im Projekt. Ziel der Qualitätsmanagementstrategie ist das Erreichen der geforderten Qualität im Projekt.

Die Produktbeschreibung:

- beschreibt was benötigt wird um das Produkt herzustellen,
- beschreibt die Qualitätskriterien, an denen sich das Produkt messen lassen muss,
- beschreibt wie und durch wen die Qualitätskriterien geprüft werden müssen,
- beschreibt wer verantwortlich ist, das fertige Produkt abzunehmen.

Das Qualitätsregister beschreibt alle geplanten und/oder durchgeführten Aktivitäten des Qualitätsmanagements. Weiterhin führt es die Verantwortlichkeiten auf und notiert die tatsächlich erzielten Resultate. Zusätzlich stellt es Verweise zu den Qualitätsdokumentationen (Quality Records) her.

8.5 Verantwortlichkeiten des Themas Qualität

Für die relevanten Verantwortlichkeiten zum Thema Qualität siehe Tabelle 8.3.

Unternehmens- oder Programmmanagement • Genehmigung der Anwendung des Unternehmens- oder Programmmanagements für die Qualitätsmanagementstrategie (QMS) • Projektsicherung einsetzen und etablieren **Auftraggeber** • Freigabe der Produktbeschreibung des Projektendprodukts • Freigabe der Qualitätsmanagementstrategie • Bestätigung der Abnahme des Projektendprodukts **Benutzervertreter** • Festlegen der Qualitätserwartungen und der Akzeptanzkriterien • Freigabe der Produktbeschreibung des Projektendprodukts • Freigabe der Qualitätsmanagementstrategie • Freigabe der Produktbeschreibungen für (Schlüssel)- Produkte • Stellt (personelle) Ressourcen für Qualitätsaktivitäten zur Verfügung • Kommuniziert mit Stakeholdern der Nutzer • Abnahme des Projektendprodukts **Lieferantenvertreter** • Freigabe der Produktbeschreibung des Projektendprodukts • Freigabe der Qualitätsmanagementstrategie • Freigabe der Qualitätsmethoden, Techniken und Werkzeuge • Freigabe der Produktbeschreibungen für (Schlüssel)- Spezialistenprodukte • Stellt (personelle) Ressourcen für Qualitätsaktivitäten auf Lieferantenseite zur Verfügung • Kommuniziert mit Stakeholdern der Lieferanten	**Projektmanager** • dokumentieren der Kundenqualitätserwartungen und Akzeptanzkriterien • Erstellen der Produktbeschreibung des Projektendprodukts • Erstellen der Qualitätsmanagementstrategie • Erstellen und pflegen der Produktbeschreibungen • Sicherstellen, dass der (die) Teammanager die vereinbarten Verfahren zur Qualitätssteuerung anwenden **Teammanager** • Anwendung der vereinbarten Verfahren zur Qualitätssteuerung • Erstellen von Produkten, die den Produktbeschreibungen entsprechen • Sicherstellen, dass Qualitätskontrollen für die Ergebnisse (Produkte) der Arbeitspakete ausgeführt werden • Zusammenstellen der Qualitätsdokumentation • Projektmanager über den Qualitätsstatus der Produkte informieren **Projektsicherung** • Berät den Lenkungsausschuss und den Projektmanager bei der Erstellung der Qualitätsmanagementstrategie • Unterstützt den Lenkungsausschuss und den Projektmanager bei der Durchsicht der Projektbeschreibungen • Beratung des Projektmanagers bei der Auswahl geeigneter Qualitätsprüfer/ Abnahmeberechtigter • Stellt im Auftrag des Lenkungsausschusses sicher, dass die Qualitätsmanagementstrategie umgesetzt wird **Projektunterstützung** • Administrative Unterstützung bei der Steuerung der Qualität • Führung der Qualitätsregister und Pflege der Qualitätsdokumentation • Unterstützung der Teammanager und Teammitglieder bei der Anwendung der Qualitätsprozesse des Projekts

Tabelle 8.3 Rollen und Verantwortlichkeiten des Themas Qualität (Basierend auf OGC PRINCE2 Unterlagen)

Kapitel 9
Pläne (Plans)

9.1 Zweck des Themas Pläne

Der Zweck des Themas Pläne ist die Realisierung, Kommunikation und Steuerung im Projekt zu ermöglichen. Dies wird durch die Definition der Hilfsmittel, mit denen die Produkte geliefert werden, erreicht. Das Thema Pläne liefert ein Rahmenwerk mit dessen Hilfe das Design, die Entwicklung und die Pflege von Plänen ermöglicht wird.

9.2 Pläne - Die Definition

Ein Plan ist ein Dokument welches beschreibt, wie, wann und von wem ein oder mehrere Ziele erreicht werden. Planen ist die Handlung, bzw. der Prozess des Erstellens und des Aktualisierens eines Plans. PRINCE2 empfiehlt drei Ebenen von Plänen. Diese spiegeln die Anforderungen der unterschiedlichen Managementebenen an das Projekt wieder:

- Projektplan
- Phasenplan
- Teamplan

Weiterhin kennt PRINCE2 den Ausnahmeplan. Dieser wird benutzt um notwendige Aktionen zu planen, die durch die Verletzung von Toleranzen notwendig wurden. Jeder Plan leitet sich von einem übergeordneten Plan ab. Die Verantwortlichkeiten zum Thema Pläne sind in Abbildung 9.1 dargestellt.

Der Projektplan - wird vom Lenkungsausschuss als Baseline genutzt, um den Projektfortschritt zu überwachen. Der Projektplan sollte sich am Plan des Unternehmens- und Programmmanagements orientieren. Der Projektplan definiert wichtige Entscheidungspunkte und die Managementphasen. Er liefert detaillierte Projektkosten und Zeitrahmen für den Business Case. Der Projektplan wird in der Phase ‚Initiieren eines Projekts' erstellt und am Ende jeder Managementphase aktualisiert. Erstellt und gepflegt wird der Projektplan durch den Projektmanager. Genehmigt wird er durch den Lenkungsausschuss.

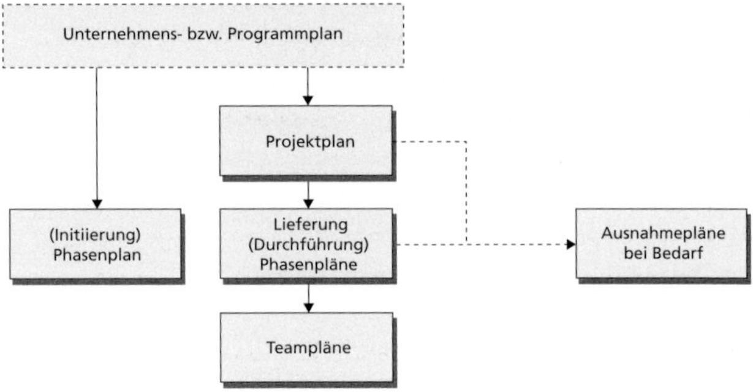

Abb. 9.1 Planungsebenen in PRINCE2 (Quelle: Erfolgreiche Projekte Managen mit PRINCE2™, OGC)

Der Phasenplan - wird für jede Managementphase benötigt. Der Phasenplan ist ähnlich wie der Projektplan aufgebaut, ist aber detaillierter. Der Phasenplan ist die Basis für die tägliche Steuerung durch den Projektmanager. Der Phasenplan für die nächste Phase wird am Ende der vorhergehenden Managementphase produziert. Für Projekte mit nur einer Managementphase kann der Phasenplan in den Projektplan eingearbeitet werden. Erstellt und gepflegt wird der Phasenplan durch den Projektmanager. Genehmigt wird er durch den Lenkungsausschuss.

Der Teamplan - ist optional. Wenn er benötigt wird, kann er parallel zum Phasenplan der übergeordneten Phase, oder aber mit Akzeptanz des Arbeitspaketes verfasst werden. Erstellt und gepflegt wird der Phasenplan

durch den Teammanager. Genehmigt wird er durch den Projektmanager. Das Format oder die Zusammenstellung eines Teamplans wird nicht durch PRINCE2 beschrieben.
Mit externen Lieferanten werden oft nur Inhaltsangaben vereinbart, die ausreichend sind den Fortschritt der Arbeiten effektiv zu kontrollieren. In diesem Fall wäre der Lieferantenvertreter verantwortlich für den Teamplan.

Der Ausnahmeplan - wird erstellt, damit die zuständige Managementebene erkennen kann, welche Maßnahmen als Folge einer Toleranzabweichung notwendig sind. Wenn er genehmigt wird, tritt er an Stelle des Plans, der sich in einer Ausnahmesituation befindet, und wird als neuer Projektplan oder aktueller Phasenplan als Baseline eingefroren. Das Format des Ausnahmeplans entspricht dem Plan, den er ersetzt.
Der Ausnahmeplan wird vom jeweils nächst höheren Managementebene genehmigt.

Befindet sich die Ausführung eines Arbeitspaketes in einer Ausnahmesituation, eröffnet der Teammanager einen offenen Punkt. Wenn die Ausnahme innerhalb der Toleranzen der Phase gelöst werden kann, wird der Projektmanager korrigierende Maßnahmen einleiten, indem er das Arbeitspaket aktualisiert und den Teammanager entsprechende Anweisungen gibt. Der Teammanager wird daraufhin den Teamplan entsprechend anpassen und Maßnahmen einleiten, die notwendig sind um die Toleranzabweichung zu korrigieren.

9.3 Pläne - Der PRINCE2-Ansatz

Der PRINCE2-Ansatz zum Thema Pläne orientiert sich an den Produkten. Bevor Aktivitäten, Abhängigkeiten und Ressourcen definiert werden, sollen die Produkte identifiziert werden. Dieser Ansatz wird als produktbasierte Planungstechnik bezeichnet (siehe Abbildung 9.2).

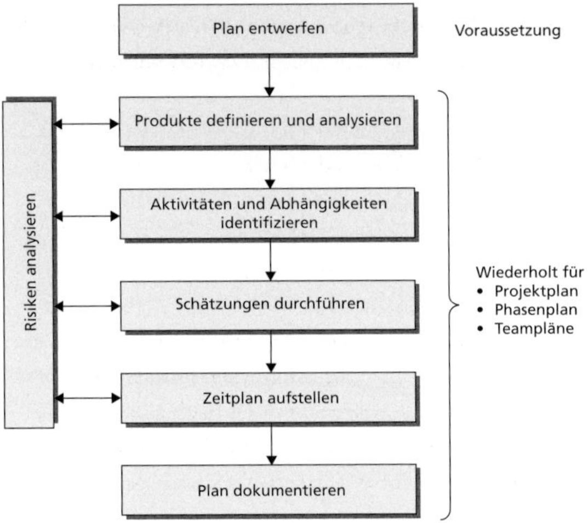

Abb. 9.2 Der PRINCE2-Ansatz zum Thema Pläne (Quelle: Erfolgreiche Projekte Managen mit PRINCE2™, OGC)

Bevor Pläne erstellt werden, müssen Entscheidungen bezüglich der Darstellung und das Designs der Pläne, bezüglich der benutzten Planungswerkzeuge, Abschätzungsmethoden, des Detaillierungsgrads und der Prüfmethoden getroffenen werden. Abweichungen von den Standards des Unternehmens- oder Programmmanagements sollten kenntlich gemacht werden.

Durch die produktbasierte Planung lassen sich die Produkte am besten identifizieren, definieren und analysieren. Nachdem die Produkte festgelegt und spezifiziert wurden, sollten Aktivitäten zur Produktion sowie Abhängigkeiten dieser Aktivitäten untereinander identifiziert werden. Basierend auf diesen Aktivitäten und Abhängigkeiten können Zeitaufwände abgeschätzt und ein Zeitplan aufgestellt werden. Parallel können die identifizierten Risiken analysiert und entsprechende (Gegen)-

Maßnahmen in den Plan aufgenommen werden. Abschließend werden die Planungsdokumente zusammengefasst und der Plan dokumentiert und abgelegt.

9.4 Produktbasierte Planung

Die produktbasierte Planung besteht aus vier Schritten (siehe Abbildung 9.3).

Produktbeschreibung des Projektendprodukts erstellen
Das Projektendprodukt ist das ultimative Endergebnis des Projekts. Die Produktbeschreibung des Projektendprodukts beschreibt das (die) Hauptprodukt(e) des Projekts. Ferner beschreibt es die Ursprungsprodukte, also die Vorgängerprodukte aus denen sich das Projektendprodukt ableitet. Ein weiterer Bestandteil der Produktbeschreibung des Projektendprodukts ist die Beschreibung der Fähigkeiten, die die Personen zur Erstellung der Produkte benötigen, die Qualitätserwartungen des Kunden, zulässige Toleranzen des Projekts und Abnahmeverfahren sowie Verantwortlichkeiten.

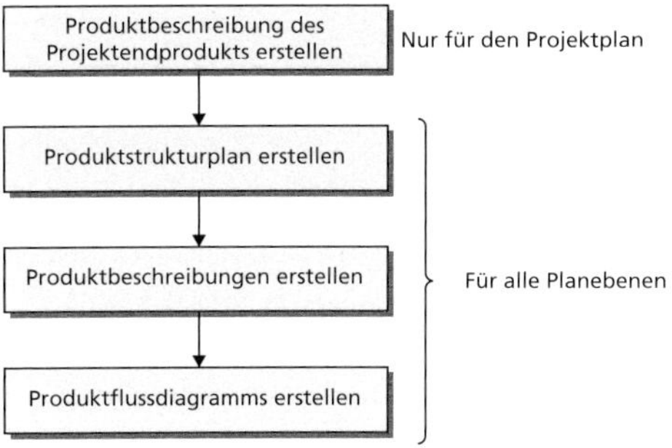

Abb. 9.3 Produktbasierte Planungstechnik (Quelle: Erfolgreiche Projekte Managen mit PRINCE2™, OGC)

Der Benutzervertreter ist verantwortlich für die Spezifizierung der Produktbeschreibung des Projektendprodukts. Oft wird sie vom Projektmanager in Abstimmung mit dem Auftraggeber und dem Benutzervertreter geschrieben.

Produktstrukturplan erstellen

Das Projektendprodukt wird in seine Hauptbestandteile zerlegt, die dann wiederum so lange weiterzerlegt werden, bis die für den Plan gewünschte Detailtiefe erreicht ist. Ein untergeordnetes Produkt kann als Komponente eines übergeordneten Produkts dargestellt werden. Ein Produktstrukturplan sollte keine Schleifen oder Querverbindungen enthalten. Pro Phase sollte ein Produktstrukturplan erstellt werden. Produktgruppen und externe Produkte sollten in Form und / oder Farbe von Produkten unterschieden werden, die durch das Projekt erstellt werden, ebenso externe Produkte, die bereits existieren oder erstellt und verändert werden, diese Tätigkeiten aber außerhalb des Projektauftrags liegen.

Jedes externe Produkt ist mit Risiken verbunden, die außerhalb des Projekts liegen und sollte daher einen Eintrag in dem Risikoregister besitzen. Und auch externe Produkte benötigen (eventuell) eine Produktbeschreibung. Zu beachten sind verschiedene Phasen eines Produkts, gerade, wenn die Verantwortlichkeit mit den Phasen wechselt. Ein Produktstrukturplan kann als Vorlage für einen Arbeitsstrukturplan dienen.

Produktbeschreibung erstellen

Eine Produktbeschreibung wird für alle identifizierten Produkte benötigt. Sie wird erstellt, nachdem das Produkt identifiziert wurde und wird eingefroren, wenn der zugehörige Phasenplan freigegeben wurde. Auch wenn der Projektmanager oder Teammanager verantwortlich ist die Produktbeschreibung zu erstellen, so ist es doch angeraten, Nutzervertreter und Experten in die Erstellung einzubeziehen. Wenn für ein Produkt bereits eine detaillierte Anforderungsliste oder ein Pflichtenheft bzw. Lastenheft vorliegt, kann dies als Ersatz einer Produktbeschreibung eingesetzt werden. Vorraussetzung ist, dass alle Bestandteile inklusive die Qualitätskriterien bereits formuliert sind. Für sehr kleine Projekte ist eventuell die Produktbeschreibung des Projektendprodukts ausreichend.

Produktflussdiagramm erstellen

Ein Produktflussdiagramm wird erstellt, um feststellen zu können, in welcher Reihenfolge die Produkte des Plans hergestellt werden müssen und welche Abhängigkeiten zwischen ihnen bestehen. Ein Produktflussdiagramm wird aus dem Produktstrukturplan entwickelt. In einem Produktflussdiagramm bewegen sich alle Produkte immer in nur eine Richtung, Schleifen sind nicht zugelassen. Auch externe Produkte sind im Produktflussdiagramm enthalten. Produktgruppen sollen jedoch nicht aufgeführt werden, da mit dem bloßen Zusammenstellen kein Arbeitsaufwand verbunden ist.

Alle Produkte müssen mindestens ein Eingang und ein Ausgang haben. Eine Ausnahme bilden externe Produkte und die Start- und Endprodukte. Es ist empfehlenswert das Produktflussdiagramm von einem einzelnen Produkt aus, einem Startpunkt, zu beginnen.

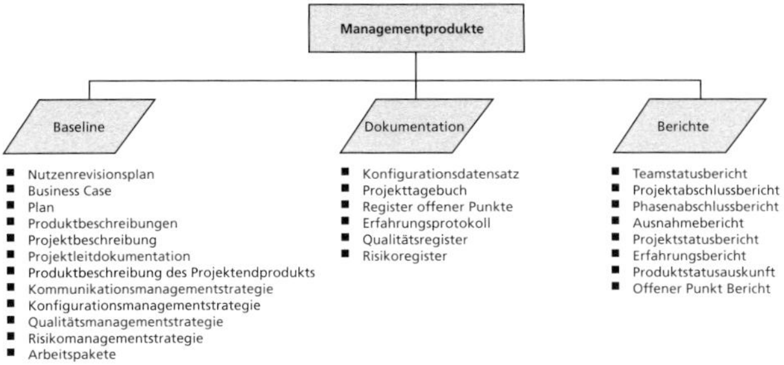

Abb. 9.4 Produktstrukturplan für die Managementprodukte (Basierend auf OGC PRINCE2 Unterlagen)

Dieser Startpunkt kann zum Beispiel die Projektleitdokumentation sein. Von diesem Startpunkt gehen alle Einstiegspunkte aus. Wenn mehrere Eingänge vorhanden sind, verhindert die Markierung des Startpunkts, dass einer der Einstiege übersehen wird. Das Symbol des Startpunkts steht vor allen Einstiegspunkten und ist das einzige Symbol in einem Produktflussdiagramm, das nicht in einem Produktstrukturplan auftaucht. Austrittspunkte gibt es in jedem Produktflussdiagramm nur einen, dies ist das Projektendprodukt.

Es ist empfehlenswert die Erstellung der Managementprodukte bei der Planung entsprechend zu berücksichtigen, sie aber nicht in den Produktstrukturplan und in das Produktflussdiagramm des Projekts aufzunehmen. PRINCE2 unterscheidet Produkte, die als Baseline eingefroren werden, Berichte und Aufzeichnungen (siehe Abbildung 9.4).

9.5 Verantwortlichkeiten des Themas Pläne

Bezüglich der Verantwortlichkeiten zum Thema Pläne siehe Tabelle 9.1.

Unternehmens- oder Programmmanagement • Bereitstellen von Unternehmens- oder Programmmanagementstandards • Definiere Projekttoleranzen im Mandat • Freigabe von Ausnahmeplänen bzgl. des Projekts **Auftraggeber** • Freigabe des Projektplans • Definition der Phasentoleranz • Freigabe des Phasen- und Ausnahmeplans • Bereitstellung von Ressourcen des Unternehmens für die Phasenpläne **Benutzervertreter** • Gewährleisten, dass Projekt- und Phasenpläne aus Sicht der Benutzer im Einklang stehen • Bereitstellung von Benutzerressourcen für die Phasenpläne	**Projektmanager** • Erstellen von Projekt- und Phasenplänen • Entwerfen der Management und technischen Phasen • Veranlassen von Korrekturmaßnahmen, wenn Toleranzen der Arbeitspakete voraussichtlich überschritten werden • Erstellen von Phasen und Ausnahmereports **Teammanager** • Erstellen und aktualisieren von Teamplänen • Erstellen von Zeitplänen für jedes Arbeitspaket • Information des Projektmanagers, wenn Toleranzen der Arbeitspakete voraussichtlich überschritten werden **Projektsicherung** • Untersucht Änderungen des Projektplans auf ihren Einfluss auf den Business Case • Vergleicht den in einer Phase und im Projekt erzielten Fortschritt mit den vereinbarten Toleranzen
Lieferantenvertreter • Gewährleisten, dass Projekt- und Phasenpläne aus Sicht des Lieferanten im Einklang stehen • Bereitstellung von Lieferantenressourcen für die Phasenpläne	**Projektunterstützung** • Unterstützung bei der Erstellung von Plänen • Bereitstellung von Spezialistenwissen, zum Beispiel Gebrauch von Planungswerkzeugen • Baseline, ablegen, verteilen von Plänen

Tabelle 9.1 Rollen und Verantwortlichkeiten des Themas Pläne (Basierend auf OGC PRINCE2 Unterlagen)

Kapitel 10
Risiken (Risks)

10.1 Zweck des Themas Risiken

Der Zweck des Themas Risiken ist Unsicherheiten zu identifizieren, zu bewerten und zu kontrollieren, um dadurch die Wahrscheinlichkeit des Projekterfolgs zu steigern.

Risiko-Management sollte systematisch durchgeführt werden. Hauptelemente sind die proaktive Identifizierung, die Bewertung und die Kontrolle von Risiken. Effektives Risiko-Management ist die Vorraussetzung für das Prinzip des kontinuierlichen Ausrichtung an den Geschäftsinteressen (continued business justification principle)

10.2 Risiken - Die Definition

Es ist wichtig zwischen Risiko und offenen Punkt (Issue) zu unterscheiden:

- **Offener Punkt** – ein nicht geplant auftretendes und relevantes Ereignis, welches (eventuell) die Aufmerksamkeit des Managements benötigt
- **Risiko** – ein unsicheres Ereignis oder eine Menge von unsicheren Ereignissen, die bei Eintreten eine Auswirkung auf den Erfolg des Projekts haben werden.

Risiken sind unterschiedlich und können als Drohung oder Chance eingeordnet werden:

- **Bedrohung** – ein unsicheres Ereignis das einen <u>negativen</u> Einfluss auf die Ziele haben kann
- **Chance** – ein unsicheres Ereignis das einen <u>positiven</u> Einfluss auf die Ziele haben kann

Ein Risiko kann eine Bedrohung oder eine Chance sein. Daher sollten Beide als Risiken aufgenommen und gehandhabt werden.

Risiko-Management ist die systematische Anwendung von Prozessen bezüglich der folgenden zwei Aufgaben:
(1) Risiken identifizieren und bewerten,
(2) geeignete Maßnahmen bezüglich des Umgangs mit Risiken planen und durchführen.
Eine Vorraussetzung für effektives Risiko-Management ist die richtige Identifizierung, Bewertung und Kontrolle.

PRINCE2 empfiehlt, dass jedes Projekt eine eigene Strategie für das Risiko-Management festlegt und ein eigenes Risikoregister (Risk Register) führt.

10.3 Strategie des Risiko-Management

Die Risiko-Managementstrategie des Projekts sollte getrennt von der des Unternehmens oder des Programmmanagements und dessen Richtlinien sein.

Die Risiko-Management-Strategie beschreibt, wie die Aktivitäten des Risiko-Managements in das Projektmanagement integriert werden. Eine Entscheidung bezüglich der Risiko-Toleranzen muss vom Lenkungsausschuss getroffen werden: Welche Höhe eines Risikos ist für das Projekt noch akzeptabel? Die Antwort darauf muss in der Risiko-Management Strategie dokumentiert werden.

Weiterhin beschreibt die Risiko-Managementstrategie verschiedene Stufen von Eintrittswahrscheinlichkeit, Auswirkung und die Eintrittsnähe, also die wahrscheinliche Zeit des Eintretens (Proximity), sowie die Kategorien der Risikobehandlung (Risk Response Categories), Frühwarnindikatoren und das für Risiko-Management zur Verfügung stehende Budget.

10.4 Risikoregister

Im Risikoregister werden alle Informationen bezüglich der projektbezogenen Risiken dokumentiert und gepflegt.
Im Regelfall wird das Risikoregister (im Auftrag des Projektmanager) durch die Projektunterstützung gepflegt. Die Risiko-Management-Strategie beschreibt den Prozess der Registrierung eines Risikos und die Pflege des Registers.

10.5 Schritte des Risiko-Management

PRINCE2 empfiehlt ein Verfahren zum Risiko-Management in fünf Schritten (siehe Abbildung 10.1).

Abb. 10.1 Prozesse des Risiko-Management (Quelle: Erfolgreiche Projekte Managen mit PRINCE2™, OGC)

Identifizieren:

- Kontext identifizieren - Informationen sammeln und auswerten um die spezifischen Projektziele zu verstehen und die Risiko-Management-Strategie aufzusetzen;
- Risiken identifizieren - Erfassen der einzelnen Risiken die einen Einfluss auf die Projektziele haben können. Gebe eine klare und eindeutige Beschreibung jedes einzelnen Risikos indem seine Ursachen, das Risiko selbst und seine Auswirkungen auf die Projektziele beschrieben werden (siehe Abbildung 10.2).

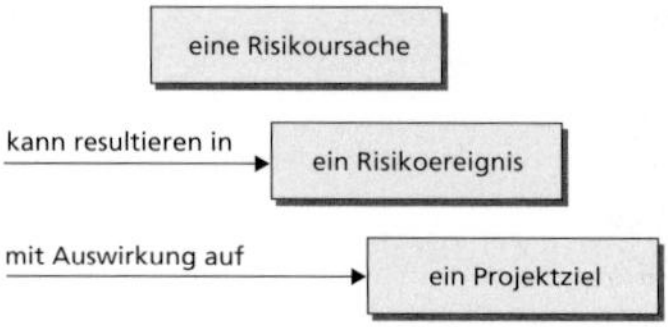

Abb. 10.2 Risikoursache, Risikoereignis und Risikoauswirkung (Quelle: Erfolgreiche Projekte Managen mit PRINCE2™, OGC)

Frühwarnindikatoren werden ermittelt, um kritischen Aspekte des Projekts zu überwachen. Informationen zu potentiellen Quellen von Risiken werden zur Verfügung gestellt. Die einzelnen Risikokategorien werden bewertet. Verstehe die unterschiedlichen Standpunkte der Stakeholder zu den festgestellten Risiken. Ernennen vorläufige Risikoeigentümer (Risk Owners). Nehme ein Risiko und dessen Charakteristik in das Risikoregister auf.

Projektrisiken sind Risiken, die einen Einfluss auf die Projektziele haben und damit ebenfalls das Unternehmen beeinflussen. Unternehmensrisiken sind Risiken, die einen direkten Einfluss auf die Leistungsfähigkeit des Unternehmens haben.

Bewerten

- Beurteilen – der Wahrscheinlichkeit, des Einflusses und des möglichen Eintrittszeitpunkts, sowie die Zuweisung einer Risikokategorie zu jedem einzelnen Risiko. Oft wird ein einzelnes Risiko als Teil eines Risikoprofils dargestellt (siehe Abbildung 10.3). Bestätigen der Ernennung des individuellen Risikobesitzers.
- Bewerten – des Nettoergebnis von allen Risiken, das heißt, wenn alle Risiken gemeinsam in einem Projekt eintreffen. Dies wird zu einer Aussage führen, ob sich alle Risiken zusammengenommen innerhalb der Grenzen der Risikotoleranz bewegen und ob das Projekt dann noch seine wirtschaftliche Rechtfertigung behalten würde. Die Gesamtheit

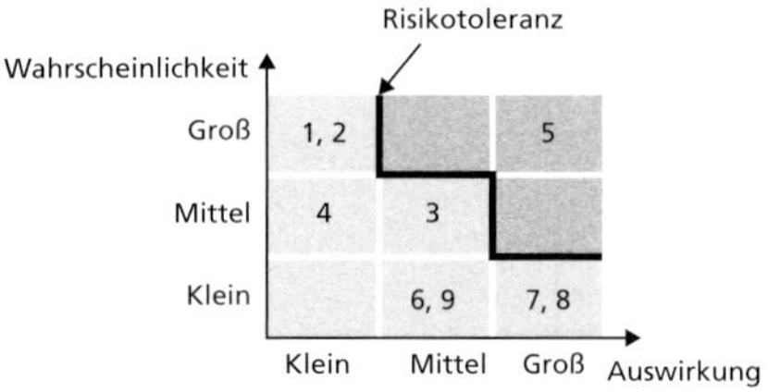

Abb. 10.3 Beispiel eines Risikoprofils (Basierend auf OGC PRINCE2 Unterlagen)

der Risiken wird oft in einen geschätzten Geldbetrag ausgedrückt, welcher als Grundlage für die Kalkulation eines Risikobudgets benutzt werden kann (siehe Tabelle 10.1).

Risiko	Wahrscheinlichkeit des Eintretens	Auswirkung	Geschätzter monetärer Betrag
A	30%	€ 50.000	€ 15.000
B	60%	€ 25.000	€ 15.000
C	20%	€ 100.000	€ 20.000
Summe			€ 50.000

Tabelle 10.1 Beispiel für einen geschätzter monetärer Betrag (Basierend auf OGC PRINCE2 Unterlagen)

Planen

- Möglichkeiten der Risikobehandlung – identifizieren und bewerten der verschiedenen Möglichkeiten der Risikobehandlung (Risk Response) und die zu erwartenden Konsequenzen für das Projekt (siehe Abbildung 10.4). Ebenfalls die Betrachtung der Chancen.

  - *das Risiko vermeiden (Avoid)*: Maßnahmen ergreifen, welche die Bedrohung beseitigen
  - *das Risiko reduzieren (Reduce)*: proaktive Maßnahmen anstoßen, um die Wahrscheinlichkeit zu verringern, dass das Ereignis eintritt oder die Auswirkung reduziert, falls das Ereignis eintritt

Ergebnis	Risiken Managen	Chancen Managen
Groß ↑	Vermeiden	Steigern
	Reduzieren Eventualplan Übertragen	Ergreifen
	Chance teilen	
↓ Klein	Akzeptieren	Ablehnen

Abb. 10.4 Möglichkeiten bei Bedrohungen und Chancen (Basierend auf OGC PRINCE2 Unterlagen)

  - *Eventualplan für das Risiko (Fallback)*: Festlegen von Maßnahmen die durchgeführt werden, wenn das Ereignis eingetroffen ist
  - *das Risiko übertragen (Transfer)*: Übertragen der Verantwortung für die Auswirkungen (zum Beispiel eine Versicherung)
  - *das Risiko oder sich Chance teilen (Share)*: Risiko auf mehrere Parteien verteilen (zum Beispiel nach dem "Pain-Gain-Sharing-Modell")
  - *das Risiko akzeptieren (Accept):* eine bewusste Entscheidung die Gefahr in Kauf zu nehmen, das ein bestimmtes Risiko eintritt; das Risiko wird nur beobachtet
  - *die Chance ergreifen (Exploit)*: eine bestehende Chance wird genutzt und die Gelegenheit wahrgenommen, die damit verbundenen Auswirkungen zu realisieren
  - *die Chance steigern (Enhance)*: proaktive Maßnahmen werden ergriffen, um das Eintreten dieses Ereignisses wahrscheinlicher zu machen und / oder die Auswirkungen des Ereignisses, falls es eintreten sollte, zu verstärken
  - *die Chance ablehnen (Reject):* eine bewusste Entscheidung eine Chance nicht wahrzunehmen
- Nach der Genehmigung der Risikobehandlungen durch die Verantwortlichen müssen die identifizieren Maßnahmen in die Pläne des Projekts integriert werden.

Implementieren

- Sicherstellen, dass die Rollen und Verantwortlichkeiten der Risikoeigentümer (Risk Owners) und der Risikobearbeiter (Risk Actionees) zugewiesen, verstanden und akzeptiert worden sind
- Sicherstellen, dass geplante Risikobehandlungen auch durchgeführt werden
- Überwachen der Effektivität der Risikobehandlungen
- Einleiten von Korrekturmaßnahmen, wenn sichtbar wird, dass die Aktionen zur Risikobehandlung nicht den Erwartungen entsprechen

Der Risikoeigentümer (Risk Owner) ist eine namentlich bekannte Person, die für das Management, die Überwachung und die Kontrolle aller Aspekte eines bestimmten Risikos verantwortlich ist, unter anderem für die Ergreifung von Maßnahmen zur Eindämmung von Gefahren oder zur Maximierung von Chancen. Der Risikoeigentümer berichtet bezüglich des Risikos an den Projektmanager.

Der Risikobearbeiter (Risk Auctioneer) ist die Person, die ernannt wurde eine spezielle Maßnahme der Risikobehandlung umzusetzen. Der Risikobearbeiter berichtet bezüglich der Risikobehandlung and den Risikoeigentümer.

Kommunizieren

- Den Status der Risiken innerhalb des Projektmanagementteams bekannt machen. Eie externen Stakeholder entsprechend der Kommunikationsmanagementstrategie (Communication Management Strategy) informieren. Risiken sollten bei jedem Report und bei jedem Meeting bedacht werden.

10.6 Verantwortlichkeiten zu Thema Risiko

Verantwortlichkeiten zum Thema Risiko sind in Tabelle 10.2 dargestellt.

Unternehmens- / Programmmanagement • Bereitstellung der Richtlinien für das Risikomanagement • Bereitstellen des Leitfadens zum Risikomanagementprozess **Auftraggeber** • Die Risiko-Managementstrategie verantworten • Verantwortlich für Risiken des Unternehmens • Risiko zur Unternehmens- und Programmmanagement eskalieren **Lenkungsausschuss** • PM über externe Risiken informieren • Über Umgang mit Risiken entscheiden **Benutzervertreter** • Sicherstellen dass Nutzeraspekte des Risikos gesteuert sind **Lieferantenvertreter** • Sicherstellen das Lieferantenaspekte des Risiko gesteuert sind	**Projektmanager (PM)** • Erstellen der Risikomanagementstrategie • Risikoregister anlegen und pflegen • Sicherstellen, dass alle Risiken identifiziert, bewertet und gesteuert werden **Teammanager (TM)** • Mitwirkung an der Identifikation, Bewertung und Steuerung von Risiken **Projektsicherung** • Einschätzen der Risiko-managementtechniken • Überprüfen, ob die Durchführung des Risikomanagements mit der Risikomanagementstrategie in Einklang steht **Projektunterstützung** • Unterstützung des Projektmanagers bei der Pflege des Risikoregisters **Risikoeigentümer** • Verantwortlich für das Managen des Risikos **Risikobearbeiter** • Eine mit der Ergreifung von Maßnahmen zur Risikobehandlung beauftragte Person

Tabelle 10.2 Rollen und Verantwortlichkeiten zu Thema Risiko

Kapitel 11
Änderungen (Changes)

11.1 Zweck des Themas Änderungen

Identifizieren, bewerten und steuern von allen potentiellen und genehmigten offenen Punkten (Issues) und Änderungen ist Zweck des Themas Änderungen.

Ziel von offenen Punkten und der Steuerung von Änderungen ist es nicht Änderungen zu verhindern. Ziel ist es sicherzustellen, dass jeder offene Punkt und jede Änderung durch die Verantwortliche genehmigt wird, bevor es zu einer Umsetzung kommt. Änderungen haben einen direkten Einfluss auf die Produktbeschreibungen.

Vorraussetzung für eine effektive Kontrolle der Änderungen ist die Existenz eines angemessenen Konfigurationsmanagementsystems, welches die Baseline für die Produkte des Projekts erfasst.

11.2 Änderungen - Die Definition

Die offenen Punkte (Issue) und die Änderungssteuerung (Change Control) sind die Verfahren, mit denen sichergestellt wird, dass alle Änderungen mit Auswirkungen auf die vereinbarten Ziele des Projekts identifiziert, analysiert und entweder genehmigt, abgelehnt oder zeitlich zurückgestellt werden.

Ein offener Punkt (Issue) ist ein relevantes aber nicht geplantes Ereignis, das stattgefunden hat und die Aufmerksamkeit des Managements benötigt. In Projekten oder Umgebungen in denen die Baseline als Referenz für Überwachung und Auswertung benutzt wird, kann eine Änderung als eine

Abweichung von der Baseline beschrieben werden. Per Definition ist eine Änderung eine Teilmenge eines offenen Punkts.

PRINCE2 kennt drei Arten von offenen Punkten:

- Änderungsantrag (Request for Change) – Ein Vorschlag zur Änderung einer Baseline
- Spezifikationsabweichung (Off-Specification) – etwas das durch das Projekt bereitgestellt werden soll, aber derzeit nicht bereitgestellt werden kann, oder voraussichtlich nicht bereitgestellt wird
- Problem oder Anliegen – Sonstiger offener Punkt, den der Projektmanager zu lösen oder zu eskalieren hat

Konfigurationsmanagement (Configuration Management) sind technische und administrative Aktivitäten im Zusammenhang mit der Erstellung, Pflege und kontrollierten Änderung eines Konfigurationselementes während seiner Lebensdauer.

Ein Konfigurationselement (Configuration Item) ist eine Einheit, die dem Konfigurationsmanagement unterliegt. Sie kann Teil eines Produkts (Management- oder Spezialistenprodukt) ein Produkt oder eine Gruppe von Produkten in einem Release sein.

11.3 Änderungen - Der PRINCE2-Ansatz

Steuerungsmittel, die offene Punkte und Änderungen betreffen, werden bereits in der Phase 'Initiieren eines Projekts' definiert und eingeführt (siehe Kapitel 13). Zum Ende jeder (außer der letzten) Managementphase werden sie überprüft und bei Bedarf angepasst.

Folgende Managementprodukte kommen bei der Einrichtung und Pflege der Steuerungsmittel des Projekts für offene Punkte, Änderungen und das Konfigurationsmanagement zum Einsatz:

- Konfigurationsmanagementstrategie (Configuration Management Strategy)
- Konfigurationsdatensätze (Configuration Item Records)
- Produktstatusauskunft (Product Status Account);
- Projekttagebuch (Daily Log)
- Register der offenen Punkte (Issue Register)
- Offener-Punkt-Bericht (Issue Report)

Die **Konfigurationsmanagementstrategie** legt fest, wie offene Punkte behandelt werden sollten. Folgende Inhalte sollten definiert sein:

- das Konfigurationsmanagementverfahren
- die Verfahren für die Steuerung offener Punkte und Änderungen
- die erforderliche Dokumentation, die zu verwendenden Werkzeuge und Tools
- die Berichterstattung über die Qualität bzw. Leistung der Verfahren
- die Zeitplanung für die Aktivitäten des Konfigurationsmanagements und der Steuerung offener Punkte und Änderungen
- die Rollen und Verantwortlichkeiten für das Konfigurationsmanagements und die Steuerung offener Punkte und Änderungen
- die Bewertungsskala für die Priorisierung und Einstufung des Schweregrads von offenen Punkten

Eine weit verbreitete Methode für die Bewertung der Priorität und die Einstufung des Schweregrads ist die MoSCoW-Methode:

MoSCoW steht für:
Must have – Unbedingt erforderlich
Should have – Sollte umgesetzt werden
Could have – Kann umgesetzt werden
Won't have for now – Für die Zukunft vorgemerkt

Konfigurationsdatensätze enthalten Informationen zu den einzelnen Konfigurationselementen. Sie beschreiben Status, Version und Variante, sowie die Beziehungen zu weiteren Konfigurationselementen. Im Normalfall sind Konfigurationsdatensätze in einer Konfigurationsmanagementdatenbank gespeichert.

Die **Produktstatusauskunft** informiert über den Status eines Produkts bzw. eines Konfigurationselements. Dies ist zum Beispiel für den Projektmanager wichtig, wenn er die Version und den Status eines Produkts bestätigt haben möchte. Diese Information wird regelmäßig am Ende einer Managementphase, am Ende des Projekts und als Teil der Prüfung von offenen Punkten und Risiken benötigt.

In dem **Projekttagebuch** trägt der Projektmanager Probleme und Anliegen ein, die der Projektmanager formlos bearbeiten kann.

Im **Register der offenen Punkte** werden alle formal zu bearbeitenden Punkte erfasst. Der Projektmanager sollte es regelmäßig pflegen und überprüfen.

Für jeden offenen Punkt, der im Register der offenen Punkte eingetragen wurde, wird ein **Offener-Punkt-Bericht** erstellt. Dieser wird parallel zu dem Register gepflegt und überwacht. Er enthält alle den offenen Punkt betreffenden Informationen.

11.4 Konfigurationsmanagementverfahren

Konfigurationsmanagementverfahren enthalten in der Regel fünf Kernaktivitäten:

- **Planen**: entscheiden, welches Produkt formal im Konfigurationsmanagement verwaltet wird, bis zu welcher Ebene des Produktstrukturplans Konfigurationselemente erfasst und bearbeitet werden, welche Attribute vergeben und gepflegt werden sollen und wie dieses Niveau erreicht werden kann
- **Identifizieren**: identifizieren, spezifizieren, aufzeichnen und speichern aller Konfigurationselemente
- **Steuern**: sicherstellen, dass alle relevanten Informationen festgehalten und gespeichert wurden und dass sie auch auslesbar sind. Konfigurationselemente dürfen nur aktualisiert werden, wenn die Änderungen freigegeben wurden. Veraltete Baselines werden nicht gelöscht, sondern archiviert. Datensicherheit und Zugriffskontrolle ist gewährleistet und Kopien von Konfigurationselementen werden nur nach Genehmigung herausgegeben
- **Status protokollieren**: Weitermeldung aller aktuellen und historischen Daten bezüglich einzelner Konfigurationselemente in Form der Produktstatusauskunft
- **Verifizieren und Audit**: Wiederholtes Überprüfen und Kontrollieren, ob der aktuelle Status aller Produkte mit dem genehmigten und in den Konfigurationsdatensätzen vermerkten Produktstatus übereinstimmt. Überprüfen, ob das verwendete Konfigurationsmanagementverfahren die Anforderungen der Konfigurationsmanagementstrategie erfüllt

11.5 Verfahren zur Steuerung offener Punkte und Änderungen

Die Steuerung von offenen Punkten und Änderungen umfasst nach PRINCE2 fünf Schritte (siehe Abbildung 11.1).

- **Erfassen**: Bei jedem gemeldeten offenen Punkt entscheidet der Projektmanager, ob er formlos oder formal gemanagt werden muss. Typ und Priorität wird erfasst. Formal gemanagte offene Punkte werden in das Register offener Punkte eingetragen. In einem Offener-Punkt-Bericht wird erfasst, was bereits über den offenen Punkt bekannt ist.

- **Untersuchen**: Untersuchung des offenen Punkts im Rahmen einer Auswirkungsanalyse. Betrachtet werden die Auswirkungen auf die Projektziele, Risiken und den Business Case. Die Betrachtung sollte sowohl vom Standpunkt des Unternehmens als auch vom Standpunkt des Nutzers und des Lieferanten durchgeführt werden. Priorität und Schweregrad ist festzustellen, wenn notwendig sollte eine Weisungsanfrage an den Lenkungsausschuss gestellt werden.

Abb. 11.1 Verfahren zur Steuerung offener Punkte und Änderungen (Quelle: Erfolgreiche Projekte Managen mit PRINCE2™, OGC)

- **Vorschlagen**: Mögliche Optionen zum Umgang mit dem offenen Punkt werden identifiziert und bewertet. Dazu gehört eine Abwägung der Kosten und Nutzen bezüglich jeder Option, in Bezug zu den Interessen des Projekts und seinen Stakeholdern.

- **Entscheidung treffen**: bezüglich des Einleitens von korrektiven Maßnahmen. Dabei können unter bestimmten Voraussetzungen Entscheidungen vom Projektmanager selbst getroffenen werden. Werden Toleranzen (voraussichtlich) überschritten, wird ein Ausnahmebericht an den Lenkungsausschuss eskaliert. Die Entscheidung über Maßnahmen liegt bei dem Lenkungsausschuss oder dem Änderungsausschuss.

  Der Lenkungsausschuss kann:
  - eine Änderung genehmigen oder eine Spezifikationsabweichung ohne korrektive Maßnahmen akzeptieren (Konzession)
  - eine Änderung ablehnen oder Anweisen eine Spezifikationsabweichung zu beseitigen
  - eine Entscheidung zurückstellen
  - mehr Informationen anfordern
  - Rat und Weisung erteilen
  - einen Ausnahmeplan anfordern

- **Implementieren**: Der Projektmanager wird entweder die notwendigen Korrekturmaßnahmen einleiten oder nach Aufforderung durch den Lenkungsausschuss einen Ausnahmeplan erstellen und vorlegen.

Bei jedem Schritt aktualisiert der Projektmanager das Register der offenen Punkte und den Offener-Punkt-Bericht und informiert die Personen, die den offenen Punkt gemeldet und/oder den Offener-Punkt-Bericht bearbeitet haben.

Änderungsausschuss Zuständig für die Prüfung und Genehmigung von Änderungsanträgen und Spezifikationsabweichungen ist der Lenkungsausschuss. Da diese Aufgabe sehr zeitaufwändig sein kann oder Spezialistenwissen erfordern kann, werden einige oder alle der zu treffenden Entscheidungen an eine Person oder Gruppe delegiert: den Änderungsausschuss (Change Authority).

Für kleine Änderungen kann zum Beispiel der Projektmanager ernannt werden. Für komplexe Entscheidungen oder Entscheidungen großer Tragweite kann ein Änderungsausschuss in Form eines Change Advisory Board (CAB) eingesetzt werden.

Werden in einem Fall vereinbarte Toleranzen (voraussichtlich) überschritten, muss auch der Änderungsausschuss die Entscheidung dem Lenkungsausschuss vorgelegen.

Dem Änderungsausschuss kann ein **Änderungsbudget** (Change Budget) zugewiesen werden, das zur Freigabe von Änderungen durch den Änderungsausschuss verwendet werden kann. Damit sind die durch Änderung verursachten Kosten klar von dem Budget der Projektarbeit getrennt. In der Praxis hat sich die Zuteilung eines Änderungsbudget bewährt.

11.6 Verantwortlichkeiten zum Thema Änderungen

Verantwortlichkeiten zum Thema Änderungen sind in Tabelle 11.1 dargestellt.

Unternehmens- oder Programmmanagement • Bereitstellen von Unternehmens- oder Programmstrategie für Änderungssteuerung, Behandlung offener Punkte und Konfigurationsmanagement **Auftraggeber** • Festlegung des Änderungsausschusses und des Änderungsbudgets • Festlegung der Bewertungsskala für Schweregrad der offeneren Punkte • Festlegung der Bewertungsskala für Priorität von Änderungsanträgen und Spezifikationsabweichungen • Beantworten von Weisungsanfragen des Projektmanagers • Entscheidungen über eskalierte offene Punkte **Benutzervertreter und Lieferantenvertreter** • Beantworten von Weisungsanfragen des Projektmanagers • Entscheidungen über eskalierte offene Punkte **Projektsicherung** • Beratung bei der Konfigurationsmanagementstrategie • Beratung bei der Untersuchung und Lösung offener Punkte	**Projektmanager** • Umsetzung der Konfigurationsmanagementstrategie, bei Bedarf mit Hilfe der Projektunterstützung • Management der offenen Punkte und Änderungen, bei Bedarf mit Hilfe der Projektunterstützung • Erstellung und Pflege des Registers der offenen Punkte, bei Bedarf mit Hilfe der Projektunterstützung • Sicherstellen, dass Teammanager relevante Elemente der Konfigurationsmanagementstrategie umgesetzt haben • Umsetzung von Korrekturmaßnahmen **Teammanager** • Umsetzung von Korrekturmaßnahmen **Projektunterstützung** • Verwalten der Verfahren für das Konfigurationsmanagement und für die Steuerung offener Punkte und Änderungen, wie: • Pflege der Konfigurationsdatensätze • Erstellung von Produktstatusauskünften • Unterstützung des Projektmanagers bei der Führung des Registers offener Punkte

Tabelle 11.1 Rollen und Verantwortlichkeiten des Themas Änderungen (Basierend auf OGC PRINCE2 Unterlagen)

Kapitel 12
Fortschritt

12.1 Zweck des Themas Fortschritt

Der Zweck des Themas Fortschritt ist die Einrichtung von Mechanismen für die Beobachtung und den Vergleich der tatsächlich erbrachten Leistungen mit den Planzielen, die Erstellung einer Prognose für die Projektziele und die Erfolgsaussichten des Projekts sowie die Kontrolle und Steuerung inakzeptabler Abweichungen.

Drei der Grundprinzipien von PRINCE2 sind: 'Steuern über Managementphasen', 'Steuern nach dem Ausnahmeprinzip' und die 'fortlaufende geschäftliche Rechtfertigung' (siehe Kapitel 4).

12.2 Fortschritt - Die Definition

Fortschritt ist der Maßstab, nach dem beurteilt werden kann, ob und in welchem Umfang Ziele eines Plans erreicht wurden. Fortschritt kann auf den Ebenen des Arbeitspakets, der Phase und des Projekts überwacht werden.

Toleranzen sind die zulässigen Abweichungen von den Zeit- und Kostenvorgaben eines Plans, die ohne Eskalation an die nächst höhere Managementebene akzeptiert werden können. Es können auch Toleranzen für Qualität, Umfang, Nutzen und Risiko definiert werden.

Eine **Ausnahme** ist eine Situation, in der eine Abweichung über die vereinbarten Toleranzgrenzen hinaus vorhersehbar oder tatsächlich eingetroffen ist.

Steuerungsmittel für den Fortschritt gewährleisten, dass jede Managementebene im Projektmanagementteam, die darunter liegende Managementebene überwachen kann, um:

- den erzielten Fortschritt zu überwachen
- die erzielte Leistung mit den geplanten Zielen zu vergleichen
- Pläne und Optionen mit Blick auf zukünftige Szenarien zu prüfen
- Probleme aufzuspüren und Risiken zu identifizieren
- Korrekturmaßnahmen einzuleiten
- weitere Arbeiten freizugeben

12.3 Steuern nach dem Ausnahmeprinzip

- Der Lenkungsausschuss trifft sich nur, um wichtige Entscheidungen zu treffen. Er gibt aber, wenn nötig oder angefragt, auch während der Managementphasen Weisungen und Rat
- Die Projektsicherung ist in der Verantwortlichkeit des Lenkungsausschusses. Er trägt die Verantwortung, dass das Projekt ordnungsgemäß durchgeführt wird. Einzelne Aufgaben können an die Projektsicherung delegiert werden
- Für Änderungsanträge kann der Lenkungsausschuss Verantwortlichkeit für die Bewertung und Entscheidung an den Änderungsausschuss delegieren
- Das Tagesgeschäft delegiert der Lenkungsausschuss an den Projektmanager. Der Projektmanager kann nach den Vorgaben der genehmigten Pläne und innerhalb definierter Toleranzen selbstständig agieren und berichtet mit den Projektstatusbericht in definierten Intervallen an den Lenkungsausschuss
- Wenn bei der Umsetzung eines Phasenplans absehbar ist, dass die Phase die vereinbarten Toleranzen überschreiten wird, muss der Projektmanager diese Abweichung dem Lenkungsausschuss melden, damit über geeignete Korrekturmaßnahmen entschieden werden kann

12.4 Fortschritt - Der PRINCE2 Ansatz

Die Steuerung des Fortschritts ist in PRINCE2 wie folgt gekennzeichnet:

- Delegieren von Befugnissen
- Unterteilen des Projekts in Managementphasen
- Ergebnis- und zeitgesteuerte Steuerungsmittel
- Ausnahmen melden

12.5 Delegieren von Befugnissen

PRINCE2 unterscheidet sechs Bereiche, die in einem Projekt betrachtet und gemanagt werden müssen. Die Bereiche sind: Zeit, Kosten, Umfang, Risiko, Qualität und Nutzen. Für jeden der Bereiche müssen (pro Managementebene) Toleranzen festgelegt werden (siehe Abbildung 12.1).

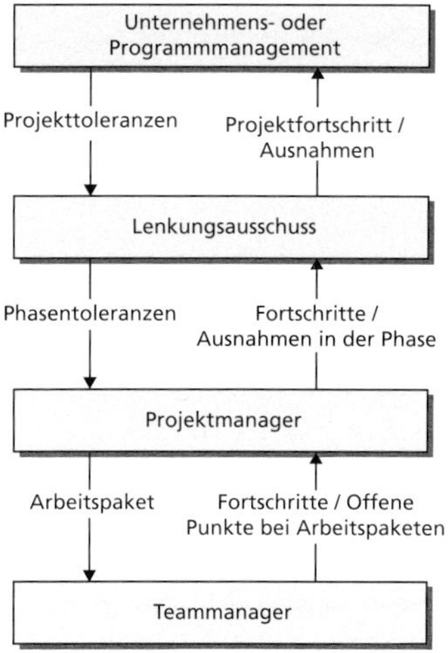

Abb. 12.1 Delegation von Toleranzen und Berichterstattung über erzielte und prognostizierte Fortschritte (Quelle: Erfolgreiche Projekte Managen mit PRINCE2™, OGC)

- Die Toleranzen der Zeit, der Kosten und des Umfangs sind im Projekt- und Phasenplan sowie im Arbeitspaket definiert
- Risikotoleranzen auf Projektebene sind in der Risiko-Managementstrategie definiert. Risikotoleranzen auf Phasen- und Teamebene sind im Phasenplan und im Arbeitspaket definiert
- Qualitätstoleranzen auf Projektebene sind in der Produktbeschreibung des Projektendprodukts dokumentiert. Die Qualitätstoleranzen für einzelne Produkte sind in den einzelnen Produktbeschreibungen erfasst
- Toleranzen in Bezug auf den Nutzen sind im Business Case beschrieben

Der Lenkungsausschuss verfügt im Wesentlichen über folgende Steuerungsmittel:
- **Freigabe** der Phase 'Initiieren eines Projekts', des Projekts und der einzelnen Managementphasen mit den entsprechenden Phasentoleranzen
- **Fortschrittsberichte** inklusive dem Projektstatusbericht und dem Phasenabschlussbericht
- Steuerungsmittel zu **Ausnahmen und Änderungen** inklusive dem Offener-Punkt-Bericht und den Ausnahmeberichten

Der Projektmanager verfügt im Wesentlichen über folgende Steuerungsmittel:
- Freigabe des Arbeitspakets und der entsprechenden Toleranz;
- **Fortschrittsberichte** inklusive den Teamstatusberichten und Teammeeting;
- Steuerungsmittel zu **Ausnahmen und Änderungen** inklusive der diversen Register und Protokolle.

Die für das Projekt verbindlichen Steuerungsmittel sollen in der Projektleitdokumentation (PID) dokumentiert werden. Steuerungsmittel der Phasen werden im Phasenplan erfasst und Steuerungsmittel für den Teammanager sind in der Beschreibung des Arbeitspakets enthalten.

12.6 Managementphasen als Steuerungsmittel

Managementphasen sind Abschnitte eines Projekts, die an Entscheidungspunkten ausgerichtet sind. Die einzelnen Managementphasen folgen sequenziell aufeinander.

In jedem PRINCE2-Projekt gibt mindestens zwei Managementphasen, die Initiierungsphase und die Phase in der Spezialistenprodukte angefertigt und/oder geliefert werden. Diese Lieferphase kann in mehrere Managementphasen aufgeteilt werden. Die Entscheidung über die Anzahl der Managementphasen wird in der Initiierungsphase getroffen.

Technische Phasen sind charakterisiert durch die Anwendung von gleichen Techniken oder Methoden. Technische Phasen können sich gegenseitig überlappen. Die Anzahl der technischen Phasen ist gewöhnlich höher als die der Managementphasen. Beispiele für technische Phasen anhand eines Softwareprojekt sind: Analyse, Spezifikation, Design, Build, Testing, Training, RollOut, Inbetriebnahme.

Die **Anzahl** der Managementphasen hängt von folgenden Fragen ab:

- Wie weit im Voraus kann ein Projekt sinnvollerweise geplant werden?
- Wo liegen im Projekt die wesentlichen Entscheidungspunkte?
- Wie hoch ist das mit einem Projekt verbundene Risiko?
- Wo liegt die angemessenen Balance zwischen vielen kurzen und wenigen langen Managementphasen in Abhängigkeit von den herzustellenden Produkten?
- Wie sicher ist sich der Lenkungsausschuss und der Projektmanager in der Durchführung des Projekts?

Die Länge der Managementphase hängt von folgenden Faktoren ab:

- dem sinnvollen Planungshorizont zu einem bestimmten Zeitpunkt
- der Anzahl und Länge der technischen Phasen in einem Projekt

- der Abstimmung mit Unternehmens- oder Programmaktivitäten
- der Risikobelastung

Wenn eine Managementphase über das Ende einer technischen Phase hinausgeht, sollte die technische Phase in zwei Teile getrennt werden. Ein Teil vor dem Entscheidungspunkt, und ein Teil danach. In den Produktbeschreibungen sollte festgelegt werden, welches Stadium die Produkte der technischen Phase am Phasenübergang erreicht haben sollten (siehe Abbildung 12.2).

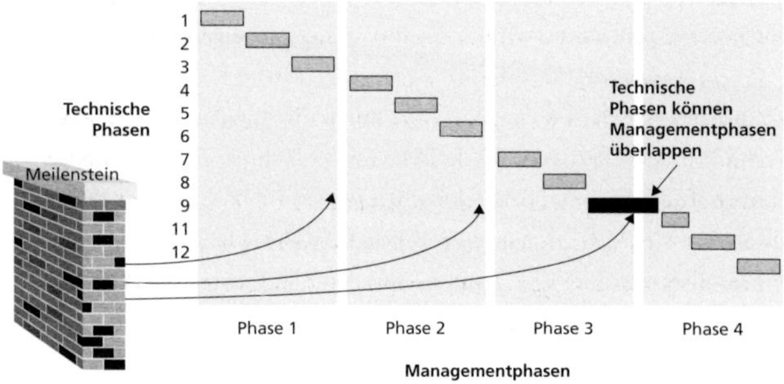

Abb. 12.2 Management- und technische Phasen

12.7 Ereignis- und zeitgesteuerte Steuerungsmittel

PRINCE2 unterscheidet zwei Arten von Steuerungsmitteln für den Fortschritt während der Laufzeit eines Projekts:

- **Ereignisgesteuerte Steuerungsmittel** kommen beim Auftreten von definierten Ereignissen zum Einsatz. Derartige Ereignisse sind zum Beispiel das Ende einer Phase mit dem dazugehörigen Steuerungsmittel des Phasenabschlussberichts. Weitere Beispiele sind das Ende eines

Projekts mit dem Projektabschlussbericht oder das Feststellen einer Ausnahme mit dem Ausnahmebericht. Aber auch Ereignisse außerhalb des Projekts, zum Beispiel das Ende des Geschäftsjahres, können einen Einfluss und definierte Steuerungsmittel besitzen.

- **Zeitgesteuerte Steuerungsmittel** kommen in bestimmten zeitlichen Abständen zum Einsatz, zum Beispiel als (wöchentlicher) Team- oder Projektbericht.

Baseline-Managementprodukte für die Steuerung des Fortschritts sind:
- **Projektplan** – wird vom Lenkungsausschuss benutzt, um den Projektfortschritt phasenweise zu überprüfen
- **Phasenplan** – ist die Grundlage für die tagesaktuelle Steuerung durch den Projektmanager
- **Ausnahmeplan** – zeigt die notwendigen Maßnahmen, um auf eine vorausgesagte oder eingetretene Toleranzabweichung zu reagieren. Der Lenkungsausschuss kann den Ausnahmeplan anfordern, nachdem er vom Projektmanager im Prozess „Steuern einer Phase" einen Ausnahmebericht erhalten hat
- **Arbeitspakete** – werden vom Projektmanager freigegeben, damit ein Teammanager oder Teammitglied bestimmte Arbeiten in einer Phase ausführen kann

Steuerungsmittel für das Prüfen des Fortschritts im Projekt oder einer Phase sind:
- **Projekttagebuch** – wird vom Projektmanager persönlich geführt. Unter anderem vermerkt er darin Aktionen zu Problemen und Bedenken, im Sinne von offenen Punkten, die informell gehandhabt werden können.
- **Register offener Punkte** und **Offener-Punkt-Bericht** – enthalten Einzelheiten aller während des Projekts formell vorgebrachten offenen Punkte, also Änderungsanträge, Spezifikationsabweichungen oder Probleme und Anliegen.

- **Produktstatusauskunft** – liefert eine Momentaufnahme des Status und der Version von Produkten in einem Projekt, einer Managementphase oder einem bestimmten Abschnitt im Projekt.
- **Qualitätsregister** – ist eine Auflistung aller geplanten und durchgeführten Qualitätsaktivitäten und ein Hinweis auf die zugehörige Qualitätsdokumentation.
- **Risikoregister** – ist eine Auflistung aller identifizierten Risiken mit Angabe des Status und der bisherigen Aktionen und der dadurch veranlassten Entwicklung.

Es gilt, dass eher informelle Informationen als Protokoll bzw. Tagebuch (Log) weitergegeben werden und ehr formelle Informationen als Register (Register).

Erfahrungen erfassen und weitergeben.

- **Erfahrungsprotokoll** – ist eine formlose Sammlung aus guten und schlechten Erfahrungen, die für dieses Projekt oder weitere von Nutzen sein können. Dabei können die Erfahrungen aus diesem Projekt oder bereits abgeschlossenen Projekten stammen.
- **Erfahrungsbericht** – Wenn eine Erfahrung auch für zukünftige Projekte von Bedeutung ist, sollte sie in den Erfahrungsbericht eingetragen werden. Ein Erfahrungsbericht kann am jeweiligen Phasenende weitergegeben werden, sollte jedoch mindestens am Projektende angefertigt werden. Während das Erfahrungsprotokoll eher auf das genaue Beschreiben einzelner Erfahrungen abzielt und diese möglichst zum Zeitpunkt des Auftretens festhält, ist ein Erfahrungsbericht eine Art Rückblick und zusammenstellende Auswertung aller gemachten Erfahrungen.

Über Fortschritt berichten:

- **Teamstatusberichte** – werden vom Teammanager in vereinbarten Intervallen angefertigt. Die Intervalle sind im Arbeitspaket festgelegt. In diesem Bericht informiert der Teammanager den Projektmanager über die mit einem Arbeitspaket erzielten Fortschritte.

- **Projektstatusberichte** – werden vom Projektmanager erfasst und informieren den Lenkungsausschuss über die in der Phase erzielten Fortschritte. Projektstatusberichte werden in regelmäßigen Abständen erstellt und stellen dem Lenkungsausschuss zwischen den Phasenabschlussbewertungen Projektinformationen zur Verfügung. Projektstatusberichte können ebenfalls zu anderen Stakeholdern gesendet werden. Der Verteilerschlüssel ist in der Kommunikationsmanagementstrategie dokumentiert.
- **Phasenabschlussberichte** – werden durch den Projektmanager am Ende einer Phase erstellt. Sie versetzen den Lenkungsausschuss in die Lage, die aktuelle Phase zu beurteilen und den Projektfortgang zu genehmigen.
- **Projektabschlussbericht** – wird durch den Projektmanager am Ende des Projekts erstellt. Er versetzt den Lenkungsausschuss in die Lage, das Projekt zu beurteilen und den Abschluss des Projekts zu genehmigen. Dieser Bericht referenziert auf die Projektleitdokumentation.

12.8 Ausnahmen melden

Wenn ein Überschreiten der Toleranzen vorhersehbar wird oder tatsächlich eintritt, sollte dieses an den nächst höheren Managementlevel im Projekt gemeldet werden:

- **Ausnahmen auf Arbeitspaketebene** – der Teammanager hat den Projektmanager zu informieren, indem er einen offenen Punkt meldet.
- **Ausnahmen auf Phasenebene** – der Projektmanager hat dem Lenkungsausschuss einen Ausnahmebericht vorzulegen.
- **Ausnahmen auf Projektebene** – der Lenkungsausschuss hat dem Unternehmens- oder Programmmanagement einen Ausnahmebericht vorzulegen.

12.9 Verantwortlichkeiten zum Thema Fortschritt

Verantwortlichkeiten zum Thema Fortschritt sind in Tabelle 12.1 dargestellt.

Unternehmens- oder Programmmanagement • Bereitstellen von Projekttoleranzen im Projektmandat • Genehmigen des Ausnahmeplans **Auftraggeber** • Bereitstellen von Phasentoleranzen • Genehmigen des Ausnahmeplans • Sicherstellen, dass aus Sicht des Unternehmens konsequent Fortschritt im Hinblick auf das angestrebte Projektergebnis erzielt wird • Empfehlen von weiteren Maßnahmen, wenn das Projekt die Toleranzen überschritten hat **Benutzervertreter** • Sicherstellen, dass aus Sicht des Nutzers konsequent Fortschritt im Hinblick auf das Projektergebnis angestrebt wird **Lieferantenvertreter** • Sicherstellen, dass aus Sicht des Lieferanten konsequent Fortschritt im Hinblick auf das angestrebte Projektergebnis erzielt wird **Projektsicherung** • Überprüfen von Änderungen am Projektplan, auf ihren Einfluss auf den Business Case • Bestätige Phasen und Projektfortschritt und prüfe die Einhaltung der Toleranzen	**Projektmanager** • Freigabe von Arbeitspaketen • Überwachen des erzielten Fortschritts im Vergleich zu den Phasenplanen • Erstellen der Projektstatus- und Phasenendberichte • Erstellen von Ausnahmeberichte • Pflege der Register, Protokolle und Berichte des Projekts **Teammanager** • Vereinbaren von Arbeitspaketen mit Projektmanager • Informieren der Projektunterstützung über durchgeführte Qualitätsprüfungen • Erstellen von Teamstatusberichten • Informieren des Projektmanagers über voraussichtliche und tatsächliche Abweichungen von den Toleranzen **Projektunterstützung** • Unterstützen im Zusammenstellen von Berichten • Bereitstellen von Kompetenz in der Anwendung von fachspezifischen (Steuerungs-)Werkzeugen • Pflegen der Register der Offenen Punkte, Risiken und Qualität im Auftrag des Projektmanagers

Tabelle 12.1 Rollen und Verantwortlichkeiten des Themas Fortschritt (Basierend auf OGC PRINCE2 Unterlagen)

Kapitel 13
Einführung in die PRINCE2-Prozesse

PRINCE2 ist eine prozessbasierte Methode für Projektmanagement. PRINCE2 definiert sieben Prozesse, die einen Satz von Aktivitäten bereithalten, um Projekte zu lenken, zu managen und erfolgreich abzuschließen. Ein Prozess liefert einen definierten Output und benötigt einen oder mehrere Inputs.

Jeder Prozess hat spezifische Ziele und ist durch einen strukturierten Satz von Aktivitäten gekennzeichnet. Diese Aktivitäten bestehen aus mehreren empfohlenen Tätigkeiten, die so gestaltet sind, dass sie jeweils spezifische Resultate erzielen. Die PRINCE2-Prozesse werden in den folgenden Kapiteln erklärt. Jedes Prozesskapitel besteht aus einem Prozess-Diagramm mit spezifischen Elementen (siehe Tabelle 13.1).

Lenken eines Projekts	Dies ist ein PRINCE2 Prozess (wie Vorbereiten eines Projekts)
Initiierung freigeben	Dies ist ein Aktivität
Antrag auf Projektinitiierung	Dies ist ein Ereignis das andere Prozesse auslöst
Projektbeschreibung	Diese sind Managementprodukte

Tabelle 13.1 Spezifische Prozessdiagramme in Kap. 14-20 (Basierend auf OGC PRINCE2 Unterlagen)

Die sieben Prozesse sind:

- Vorbereiten eines Projekts (Starting up a Project)
- Initiieren eines Projekts (Initiating a Project)

- Lenken eines Projekts (Directing a Project)
- Steuern einer Phase (Controlling a Stage)
- Managen der Produktlieferung (Managing Product Delivery)
- Managen eines Phasenübergangs (Managing a Stage Boundary)
- Abschließen eines Projekts (Closing a Project)

In fünf der Prozesse wird das Projekt aus der Perspektive des Projektmanagers gesehen. In dem Prozess 'Lenken eines Projekts' wird die Perspektive des Lenkungsausschusses eingenommen und in dem Prozess 'Managen der Produktlieferung' die des Teammanagers (siehe Abbildung 13.1).

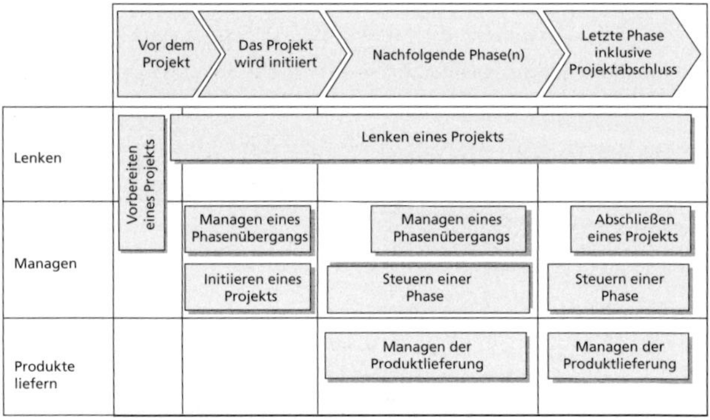

Abb. 13.1 PRINCE2-Prozesse (Quelle: Erfolgreiche Projekte Managen mit PRINCE2™, OGC)

Folgende Abkürzungen werden aus dem Englischen abgeleitet und auch im Deutschen benutzt:
(SU = Starting up a Project, IP = Initiating a Project, DP = Directing a Project, CS = Controlling a Stage, MP = Managing Product Delivery, SB = Managing a Stage Boundary, CP = Closing a Project)

13.1 Vor dem Projekt

Vor der vollständigen Festlegung des Umfangs des Projekts, ist es notwendig zu überprüfen, ob das Projekt lohnenswert und durchführbar ist. Das Ergebnis des Prozesses 'Vorbereiten eines Projekts' (SU) ist die Projektbeschreibung (Project Brief) und der Phasenplan (Stage plan) der Initiierungsphase. Der Lenkungsausschuss entscheidet, ob die Initiierung als zweiter Schritt in Richtung Projekt stattfinden soll oder nicht.

13.2 Das Projekt wird initiiert

Der auf SU folgende Prozess 'Initiieren eines Projekts' erzeugt die Projektleitdokumentation (Project Initiation Documentation; PID). Das PID wird durch den Lenkungsausschuss (Project Board) überprüft (als Teil des Prozesses 'Lenken eines Projekts'), um zu entscheiden ob das gesamte Projekt autorisiert werden soll. Auf die Freigabe folgt der Prozess 'Managen eines Phasenübergangs', der die nächste Phase im Detail plant.

13.3 Nachfolgende Phasen

Der Lenkungsausschuss delegiert die im Tagesgeschäft zu erledigenden Aufgaben Phase für Phase an den Projektmanager. Im Prozess 'Steuern einer Phase' stellt der Projektmanager sicher, dass die geplante Arbeit durch die Teams ausgeführt wird und der erzielte Fortschritt in Übereinstimmung mit dem Phasenplan (Stage Plan) ist Das Team akzeptiert und führt die zugewiesenen Arbeitspakete (Work Packages) aus. Dies geschieht bereits im Prozess 'Managen der Produktlieferung'. Zum Ende einer jeden Phase bereitet der Projektmanager die nächste Phase vor (Prozess 'Managen eines Phasenübergangs') und bittet den Lenkungsausschuss (Prozess 'Lenken eines Projekts') um die Freigabe der nächsten Phase, um mit der Ausführung der Arbeiten der nächsten Phase beginnen zu dürfen.

13.4 Letzte Phase inklusive Projektabschluss

Nach Lieferung und Abnahme aller Produkte wird der Projektmanager in der letzten Phase die Aktivitäten zur Vorbereitung des Projektabschlusses durchführen. Sind die Empfänger der Produkte in der Lage, die Produkte dauerhaft zu benutzen, gehen sie in die operative Nutzung über und das Projekt kann mit dem Prozess 'Abschließen eines Projekts' geschlossen werden. Den Projektabschluss muss der Lenkungsausschuss dann endgültig bestätigen.

Kapitel 14
Vorbereiten eines Projekts

14.1 Zweck

Der Prozess 'Vorbereiten eines Projekts' ('Starting Up a Project', SU) soll sicherstellen, dass alle Voraussetzungen für das 'Initiieren eines Projekts' gegeben sind. Dafür wird die Frage beantwortet, ob das Projekt überhaupt lohnenswert und realisierbar ist.
Der Prozess 'Vorbereiten eines Projekts' sollte im Vergleich zu dem gründlichen und detaillierten Prozess 'Initiieren eines Projekts' mit geringem Aufwand durchgeführt werden. Ziel ist es, mit geringem Aufwand zu entscheiden, ob sich die Initiierungsphase überhaupt lohnt.

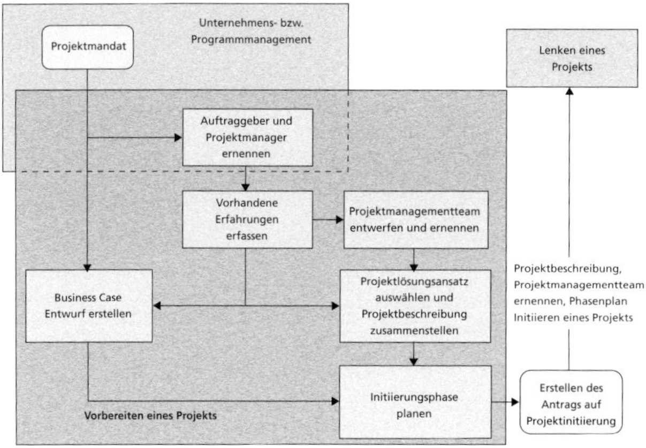

Abb. 14.1 Übersicht des Prozess Vorbereiten eines Projekts (Basierend auf OGC PRINCE2 Unterlagen)

14.2 Ziele

Die Ziele des Prozesses 'Vorbereiten eines Projekts' sind, sicherzustellen:

- dass es eine geschäftliche Rechtfertigung für das 'Initiieren eines Projekts' gibt (einen Grund) und
  dass alle notwendigen Verantwortlichkeiten und Befugnisse für das 'Initiieren eines Projekts' vorhanden sind
- dass genügend Informationen vorhanden sind, um den Umfang und den Ansatz des Projekts zu bestimmen und zu bestätigen
- dass geeignete Personen ernannt wurden, welche die Initiierungsphase ausführen oder eine signifikante Projektmanagementrolle im Projekt haben
- dass die Arbeiten der Initiierungsphase geplant wurden
- dass keine Zeit für die Initiierungsphase vergeudet wird, wen sie auf falschen Annahmen beruht.

14.3 Kontext

Der Auslöser für ein PRINCE2-Projekt wird Projektmandat (Project Mandate) genannt. Das Projektmandat wird vom Unternehmens- bzw. Programmmanagement bereitgestellt (siehe Abbildung 14.1). Das Projektmandat ist die Grundlage für die Erstellung der Projektbeschreibung (siehe Anhang A.17 und Glossar). Der Zweck der Projektbeschreibung ist es, den Lenkungsausschuss mit genügend Informationen zu versorgen, um eine Entscheidung für oder gegen die Projektinitiierung zu ermöglichen.

Später (während der Phase 'Initiieren eines Projekts') wird die Projektbeschreibung verfeinert und inhaltlich erweitert. Es entsteht die Projektleitdokumentation (Project Initiation Documentation; PID)

14.4 Aktivitäten und empfohlene Tätigkeiten

Die Aktivitäten des Prozess 'Vorbereiten eines Projekts' teilen sich Unternehmens- bzw. Programmmanagement, Auftraggeber und Projektmanager.

14.4.1 Auftraggeber und Projektmanager ernennen

Um ein Projekt erfolgreich zu bewältigen, werden als erstes zwei Personen benötigt: (1) ein Entscheidungsträger mit der entsprechenden Autorität und (2) jemand, der das Projekt im Tagesgeschäft managen wird. Die folgenden Tätigkeiten werden in dieser Aktivitätempfohlen:

- Überprüfen des Projektmandats
- Ernennen eines Auftraggebers
- Ernennen des Projektmanagers durch den Auftraggeber
- Erstellen eines Projekttagebuchs (Daily Log) als Ablage für Projektinformationen

14.4.2 Vorhandene Erfahrungen erfassen

Vergangene Projekte und Programme können nützliche Erfahrungen über Prozesse, Techniken und Schätzungen bereitstellen. Die folgenden Tätigkeiten werden dabei empfohlen:

- Erstellen ein Erfahrungsprotokolls (Lessons Log)
- Prüfung ähnlicher Erfahrungsberichte (Lessons Reports) bereits vergangener Projekte und Programme, aus dem eigenen Unternehmen oder von externen Organisationen um Erfahrungen zu identifizieren, die in diesem Projekt angewendet werden können
- Diskussion mit Kollegen, die bereits Erfahrungen in gleichartigen Projekten gesammelt haben
- Übertragen der Erfahrungen in das Erfahrungsprotokoll

14.4.3 Projektmanagementteam entwerfen und ernennen

Das Projekt benötigt die richtigen Personen, um Entscheidungen innerhalb eines angemessenen Zeitraums zu treffen, und ein Projektmanagementteam, das die Interessen aller beteiligten Partein wiederspiegelt. Die folgenden Tätigkeiten werden dazu empfohlen:

- Prüfen des Erfahrungsprotokolls auf relevante Erfahrungen bezüglich der Projektmanagementstruktur
- Entwerfen des Projektmanagementteams, inklusive Rollenbeschreibungen und Projektmanagementteamstruktur, (Kombination von Rollen beachten)
- Ernennen das Projektmanagementteam
- Abschätzen von Zeit und Aufwand für jede Rolle und Identifizierung geeigneter Kandidaten
- Bestätigung der Verfügbarkeit der einzelnen Kandidaten sowie ihr Rollenverständnis und Ernennung ausgewählter Personen
- Wird ein Risiko identifiziert, wird dieses in das Projekttagebuch eingetragen.

14.4.4 Business Case Entwurf erstellen

Das ausschlaggebende Element in einem Projekt ist das: WARUM? Warum wird das Projekt benötigt ? Zu diesem Zeitpunkt ist aber nur ein sehr grober Business Case notwendig. Ist das Projekt Teil eines Programms, wurde der Business Case schon auf Programmebene zusammengestellt. Die folgenden Tätigkeiten werden dabei empfohlen:

- Der Auftraggeber formuliert den Entwurf des Business Case basierend auf dem aktuellen Wissen über das Projekt (Gründe und Optionen)
- Der Projektmanager stimmt sich mit dem Auftraggeber und dem Benutzervertreter (Senior User) ab, um zu definieren was das Projekt liefern soll und erstellt die Produktbeschreibung des Projektendprodukts (Project Product Description) (siehe Anhang A14)

- Prüfung der im Projekttagebuch erfassten Risken und Zusammenstellung der Hauptrisiken . Hauptrisiken bedrohen die Durchführbarkeit des Projekts aus Sicht des Business Case-Entwurfs und müssen darin erfasst werden.

14.4.5 Projektlösungsansatz auswählen und Projektbeschreibung zusammenstellen

Bevor jegliche konkrete Planungsaktivität stattfindet, müssen Entscheidungen über die Art und Weise der durchzuführenden Arbeiten getroffen werden. Eine vereinbarte Projektbeschreibung (Project Brief) stellt ein gemeinsames Verständnis und die Vorbereitung für den Start des Projekts dar. Die folgenden Tätigkeiten werden dabei empfohlen:

- Untersuchung der verschiedene Projektlösungsansätze (z.B. Make or Buy) und Entscheidung welches der Verfahren benutzt werden soll, um das Projektendprodukt (Project Product) zu erstellen und die Ziele des Business Case zu erreichen
- Zusammenstellen der Projektbeschreibung und Integration von Erfahrungen früherer Aktivitäten. Aufnahme folgender Angaben in die Projektbeschreibung:: Abgrenzung, Annahmen, Toleranzen, Nutzer und alle anderen beteiligten Partein, Schnittstellen, die das Projekt bedienen muss

14.4.6 Initiierungsphase planen

Der Prozess 'Initiieren eines Projekts' muss geplant und genehmigt werden. Die Initiierung kostetZeit und Mühe. Wird die Initiierungsphase nicht geplant, wird sie eventuell ziellos und unstrukturiert verlaufen. Die folgenden Tätigkeiten werden dabei empfohlen:

- Basierend auf dem Lösungsansatz des Projekts werden geeignete Steuerungsmittel für das Projekt ausgewählt, die auch schon in der Initiierungsphase benutzt werden können

- Die Grenzen der Initiierung in Form von Zeit und Kosten werden definiert und der Phasenplan (Stage Plan) der Initiierung wird erstellt
- Risiken im Projekttagebuch werden überprüft und ihr Einfluss auf den Phasenplan der Initiierungsphase wird untersucht
- Identifizierung aller Risiken und Aktualisieren des Projekttagebuchs
- Erstellen des Antrags auf Projektinitiierung

Kapitel 15
Lenken eines Projekts

15.1 Zweck

'Lenken eines Projekts' ('Directing a Project', DP) befähigt den Lenkungsausschuss, die Verantwortung für das Projekt zu übernehmen. Diesem Anspruch wird er gerecht, indem er wichtige Entscheidungen trifft und eine Gesamtkontrolle über das Projekt ausübt, während das Tagesgeschäft des Projektmanagements an den Projektmanager delegiert wird.

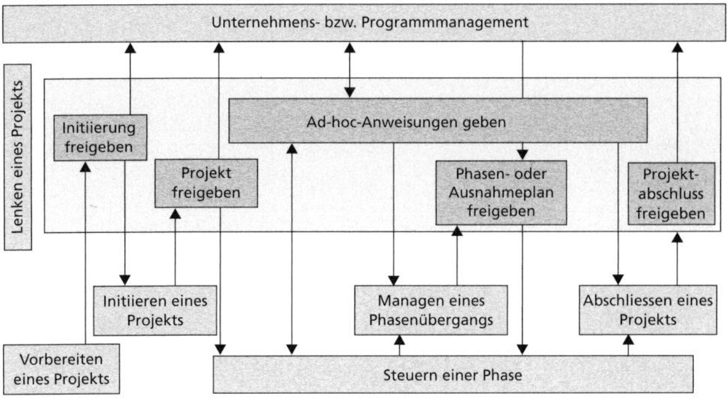

Abb. 15.1 Übersicht des Prozess (Basierend auf OGC PRINCE2 Unterlagen)

15.2 Ziele

Die Ziele von 'Lenken eines Projekts' sind:

- Sicherstellen, dass die Befugnis für die Initiierung des Projekts, die Lieferung des Projektendprodukts und zum Abschließen des Projekts gegeben ist
- Richtlinien und die Überwachung durch das Management sind über den gesamten Projektzeitraum gegeben und stellen sicher dass das Projekt realisierbar bleibt
- Unternehmens- bzw. Programmmanagement haben durch den Lenkungsausschuss eine Schnittstelle zum Projekt
- Pläne für die Realisierung des Nutzens nach Abschluss des Projekts sind geprüft und gemanagt

15.3 Kontext

Der Prozess 'Lenken eines Projekts' sieht das Projekt von der Lenkungsausschussperspektive und wird durch die Anfrage des Projektmanagers nach Freigabe der Initiierungsphase gestartet (siehe Abbildung 15.1).
Der Lenkungsausschuss steuert das Projekt nach dem Prinzip: 'Management by Exception'. Der Lenkungsausschuss wird vom Projektmanager mit Berichten und Kennzahlen über die jeweils aktuelle Situation im Projekt informiert. Der Lenkungsausschuss steht in Kontakt mit dem Unternehmens- bzw. Programmmanagement und stellt sicher, dass die geschäftliche Rechtfertigung des Projekts dauerhaft gegeben ist (Continued Business Justification). Sowohl der Lenkungsausschuss als auch der Projektmanager müssen nicht immer nur offiziell agieren. Auch informelle Informationen können zielführend sein.

15.4 Aktivitäten und empfohlene Tätigkeiten

15.4.1 Initiierung freigeben

Mit der Freigabe der Initiierung, stellt der Lenkungsausschuss sicher, dass sich die anstehenden Investitionen lohnen.
Die folgenden Tätigkeiten werden dazu empfohlen:

- Prüfen und Freigeben der Projektbeschreibung, inklusive der Produktbeschreibung des Projektendprodukts und des Phasenplans der Initiierungsphase
- Überprüfen, dass der Business Case-Entwurf ein realisierbares Projekt wiederspiegelt
- Informieren der Stakeholder und der betroffenen Lokationen, dass das Projekt initiiert wird und die benötigte Unterstützung erbeten wird
- Autorisieren des Projektmanagers, das Projekt weiter voranzutreiben

15.4.2 Freigabe des Projekts

Die Freigabe des Projekts wird ausgelöst durch den Antrag auf Ausführung des Projekts der vom Projektmanagers gestellt wird (Request to deliver a project). Die folgenden Tätigkeiten werden dabei empfohlen:

- Prüfen und Freigabe der Projektleitdokumentation und des Nutzenrevisionsplans
- Informieren des Unternehmens- bzw. Programmmanagements und anderer interessierter Parteien, dass das Projekt freigegeben ist
- Autorisieren des Projektmanagers, das Projekt zu liefern oder frühzeitig abzuschließen

15.4.3 Phasen- oder Ausnahmeplan freigeben

Wenn eine Phase sich dem Ende nähert, wird der Lenkungsausschuss gebeten, den nächsten Phasenplan (Stage Plan) freizugeben. Wenn eine Ausnahme aufgetreten ist, wird der Lenkungsausschuss den

Projektmanager auffordern, einen Ausnahmeplan (Exception Plan) zu erstellen. Der Ausnahmeplan muss ebenfalls vom Lenkungsausschuss freigegeben werden.
Die folgenden Tätigkeiten werden dazu empfohlen:

- Prüfen und genehmigen des Phasenabschlussberichts (End Stage Report)
- Prüfen und genehmigen des Phasenplans oder Ausnahmeplans
- Autorisieren des Projektmanagers mit den eingereichten Plänen zu starten
- Informieren des Unternehmens- bzw. Programmmanagement über den Status des Projekts

15.4.4 Ad-hoc-Anweisungen geben

Mitglieder des Lenkungsausschusses können informelle Anleitungen und Anweisungen geben oder jederzeit auf Anfragen des Projektmanagers reagieren. Auslöser für solche Aktivitäten können folgende Situationen darstellen:

- informelle Anfrage bezüglich eines Rats oder einer Anweisung
- ein Ausnahmebericht (Exception Report)
- ein Projektstatusbericht (Highlight Report)ein eskalierter Offener-Punkte-Bericht (Issue Report)
- eine Anweisung oder Entscheidung vom Unternehmens- bzw. Programmmanagement

Reaktionen (von Mitgliedern) des Lenkungsausschusses können folgendermaßen ausfallen:

- Unterstützung des Projektmanagers und der vorgeschlagenen Maßnahmen
- Entscheidungen treffen, die innerhalb der Toleranz des Lenkungsausschusses liegen
- Entscheidung verschieben oder mehr Informationen anfordern

- den Projektmanager anweisen einen Ausnahmeplan zu erstellen oder das Projekt frühzeitig abzuschließen
- einen Rat vom Unternehmens- bzw. Programmmanagement einholen
- das Unternehmens- bzw. Programmmanagement informieren

15.4.5 Projektabschluss freigeben

Jedes Projekt hat ein Ende und an diesem Punkt hat der Lenkungsausschuss zu überprüfen und einzuschätzen, ob die an das Projekt gestellten Ziele erreicht worden sind, ob und wie weit das Projekt von den ursprünglichen Plänen abgewichen ist oder ob das Projekt keinen Beitrag mehr zum Erreichen der Ziele beitragen kann. Die folgenden Tätigkeiten werden dabei empfohlen:

- Überprüfen der ursprünglichen und aktuelle Version der Projektleitdokumentation und des Projektplans
- Überprüfen und genehmigen des Projektabschlussberichts (End Project Report)
- Sicherstellen, dass der Nutzenrevisionsplan (Benefits Review Plan) nach Abschluss des Projekts die Leistung des Projekts und aller Nebeneffekte berücksichtigt
- Überprüfen des Projektabschlussberichts und einholen der Genehmigung vom Unternehmens- bzw. Programmmanagement
- Bestätigung des letzten Business Case
- Prüfung und Freigabe der Ankündigung des Projektabschlusses (Project Closure Notification)

Kapitel 16
Initiieren eines Projekts

16.1 Zweck

Der Prozess 'Initiieren eines Projekts' ('Initiating a Project', IP) stellt eine solide Grundlage für das Projekt dar. Er versetzt die Organisation in die Lage zu verstehen, welche Arbeiten ausgeführt werden müssen um die Produkte des Projekts zu liefern und zwar bevor größere finanzielle Mittel zugesagt oder ausgegeben werden.

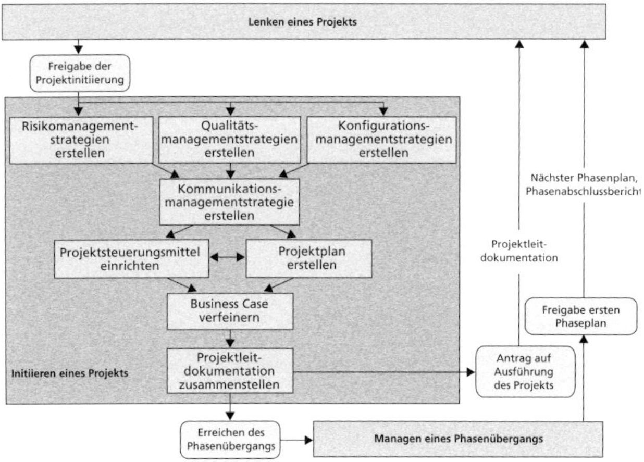

Abb. 16.1 Übersicht des Prozess Initiieren eines Projekts (Quelle: Erfolgreiche Projekte Managen mit PRINCE2™, OGC)

16.2 Ziele

Das Ziel von 'Initiieren eines Projekts' ist sicherzustellen, dass alle Beteiligten das gleiche Verständnis von folgenden Punkten besitzen:

- Warum wird das Projekt benötigt? Was ist der erwartete Nutzen? Welche Risiken sind mit dem Projekt verbunden?
- Was ist der Umfang der durchzuführenden Arbeiten? Was sind die zu liefernden Produkte?
- Wie und wann werden die Projektprodukte geliefert und welche Kosten entstehen dabei?
- Wer ist an der Entscheidungsfindung im Projekt beteiligt?
- Wie wird die geforderte Qualität erreicht?
- Wie werden Baselines festgelegt und gesteuert?
- Wie werden Risiken, offene Punkte und Änderungen identifiziert, bewertet und gesteuert?
- Wie wird der Projektfortschritt gesteuert und überwacht?
- Wer benötig wann welche Informationen?
- Wie wird die Projektmanagementmethode des Unternehmens an die Anforderungen des Projekts angepasst?

16.3 Kontext

'Initiieren eines Projekts' legt das Fundament für die erfolgreiche Durchführung eines Projekts. Deshalb sollte allen beteiligten Parteien das WARUM, WER, WAS, WIE, WIE VIEL und WANN transparent sein. Der Prozess erlaubt dem Lenkungsausschuss über die Fortsetzung des Projekts zu entscheiden. Wenn dieser Prozess nicht genutzt würde, wäre der Lenkungsausschuss gezwungen, signifikante finanzielle Mittel für das Projekt aufzubringen, ohne vollständig verstanden zu haben, wie und warum die Projektziele erreicht werden sollen.

Der Projektmanager wird die gesamte Palette von Managementprodukten erstellen, die vom Lenkungsausschuss für die Steuerung des Projekts benötigt werden (siehe Abbildung 16.1).

16.4 Aktivitäten und empfohlene Tätigkeiten

16.4.1 Risiko-, Konfigurations- und Qualitätsmanagementstrategie erstellen

Die Risiko-, Konfigurations- und Qualitätsmanagementstrategien beschreiben die Ziele, Prozesse, Rollen und Verantwortlichkeiten, die Werkzeuge, die Zeitplanung sowie die Berichtsanforderungen der einzelnen Domänen (siehe Produktbeschreibungen für Strategien im Anhang A.8, A.21 und A.24). Die folgenden Tätigkeiten werden dabei empfohlen:

- Projektbeschreibung prüfen und verstehen, welche Strategien, Standards und Techniken des Unternehmens- bzw. Programmmanagements berücksichtigt werden müssen
- Erfahrungen aus Vorgängerprojekten prüfen und wenn angebracht verwenden
- -
- Definition und Erstellung der Risiko-, Konfigurations- und Qualitätsmanagementstrategie, inklusive Abläufen, Werkzeugen, Techniken, Rollen und Verantwortlichkeiten
- In Abstimmung mit der Projektsicherung feststellen, ob die gewählten Strategien in Übereinstimmung mit den Anforderungen des Unternehmens- bzw. Programmmanagement sind
- Risikoregister (Risk Register); Konfigurationsdatensätze (Configuration Item Records), Register der offenen Punkte (Issue Register) und Qualitätsregister (Quality Register) anlegen (siehe Anhang A.7, A.22, A.23 und A.25)
- Freigabe der Risiko-, Konfigurations- und Qualitätsmanagementstrategie beim Lenkungsausschuss beantragen

16.4.2 Kommunikationsmanagementstrategie erstellen

Die Kommunikationsmanagementstrategie wird als letzte Strategie erstellt, da sie unter Umständen Anforderungen der Risiko-, Konfigurations- oder Qualitätsmanagementstrategie aufnimmt (siehe Anhang A.6). Die folgenden Tätigkeiten werden dazu empfohlen:

- Projektbeschreibung prüfen und verstehen, welche Strategien, Standards oder Techniken des Unternehmens- bzw. Programmmanagements berücksichtigt werden müssen
- Erfahrungen aus Vorgängerprojekten prüfen und wenn angebracht verwenden
- Risikoregister und Projekttagebuch für offene Punkte und Risiken prüfen
- Stakeholder Identifizieren und überprüfen und nach ihrem Informationsbedarf befragen
- Kommunikationsmanagementstrategie definieren und dabei Kommunikationsmanagementverfahren, Werkzeuge, Techniken, Rollen und Verantwortlichkeiten sowie Stakeholderanalysen berücksichtigen
- In Abstimmung mit der Projektsicherung feststellen, ob die gewählte Strategie in Übereinstimmung mit den Anforderungen des Unternehmens- bzw. Programmmanagements ist
- Freigabe der Kommunikationsmanagementstrategie beim Lenkungsausschuss beantragen

16.4.3 Projektsteuerungsmittel einrichten

Umfang und Art der benötigten Kontrollmöglichkeiten zwischen Lenkungsausschuss, Projektmanager und Teammanager müssen vereinbart und eingerichtet werden bevor das Projekt startet. Viele Steuerungsmittel wurden in den Strategien beschrieben, wurden damit aber noch nicht notwendigerweise implementiert. Die folgenden Tätigkeiten werden dabei empfohlen:

- Prüfen der Projektbeschreibung und verstehen, welche Strategien, Standards oder Techniken des Unternehmens- bzw. Programmmanagements im Projekt eine Rolle spielen und Vorgaben für die Anpassung von PRINCE2 machen
- Qualitäts-, Konfigurations-, Risiko- und Kommunikationsmanagementstrategien prüfen und daraus ableiten, welche Steuerungsmittel notwendig sind und eingerichtet werden sollen
- Prüfen vorhandener Erfahrungen und Übernahme von Bewährtem
- Projekttoleranzen und Eskalationsprozesse bestätigen
- Projektsteuerungsmittel zusammenfassen
- Mit Projektsicherung die gewählten Steuerungsmittel überprüfen
- Aktualisieren des Risikoregisters, das Register der offenen Punkte und das Projekttagebuch
- Freigabe beim Lenkungsausschuss beantragen

16.4.4 Projektplan erstellen

Der Zeitrahmen und die benötigten Ressourcen sind wichtige Informationen, die vom Lenkungsausschuss für die Wahrnehmung seiner Kontrollaufgaben benötigt werden und um den Business Case zu verfeinern. Die im Projekt benötigten Pläne erstellt der Projektmanager in enger Zusammenarbeit mit dem (den) Benutzer(n) und dem (den) Lieferant(en). Die folgenden Tätigkeiten werden dazu empfohlen:

- Prüfen der Projektbeschreibung und Suche nach relevanten Erfahrungen
- Prüfen des Risikoregisters- und des Register der offener Punkte auf bereits eingetragene Risiken und offene Punkte bezüglich der Planung
- Format und Darstellung der Präsentation des Projektplans definieren
- Steuerungs- und Planungswerkzeuge für das Projekt identifizieren und festlegen
- Schätzungsverfahren für die Erstellung von Projektplänen auswählen
- Prüfen der vier Managementstrategien um festzustellen, welche Ressourcen, Standards und Methoden für das Projekt benötigt werden und welche Kosten anfallen werden

- Erstellen eines Produktstrukturplans (Product Breakdown Structure), Produktflussdiagramms (Product Flow Diagram) und Produktbeschreibungen (Product Descriptions) (siehe Kapitel 9: Pläne und Anhang C für Beispiele)
- Überprüfen, ob die Produktbeschreibung des Projektendprodukts (Project Product Description) aktualisiert werden muss
- Erstellen oder aktualisieren der Konfigurationsdatensätze (Configuration Item Records) für jedes zu liefernde Produkt (siehe Anhang A.7)
- Benötigte Ressourcen ermitteln und bestätigen
- Ermittlung des Aufwands für die Projektsteuerungsmittel und Aufnahme des Bedarfs in die Pläne auf
- Identifizieren der Risiken bezüglich des Projektplans
- Dokumentieren des Projektplan (siehe Anhang A.12)
- Freigabe beim Lenkungsausschuss beantragen

16.4.5 Business Case verfeinern

Der Entwurf des Business Case muss mit den geschätzten Werten für Zeit, Kosten und den identifizierten Risiken aktualisiert werden. Der überarbeitete Business Case wird vom Lenkungsausschuss benötigt, um zu entscheiden, ob das Projekt realisierbar und lohnenswert ist und bleiben wird. Die folgenden Tätigkeiten werden dabei empfohlen:

- Prüfen der Projektbeschreibung und Integration relevanter Erfahrungen
- Verfeinern des Entwurfs und Erstellen eines detaillierten Business Case (siehe Anhang A.3)
- Erstellen des Nutzenrevisionsplans (Benefits Review Plan), (siehe Anhang A.9)
- Beantragung der Freigabe beim Lenkungsausschuss

16.4.6 Projektleitdokumentation zusammenstellen

Die Projektleitdokumentation (Project Initiation Documentation) stellt alle Informationen aus der Initiierung, also über das WARUM, WER, WAS, WIE, WIE VIEL und WANN viel des Projekts, zusammen. Diese Zusammenstellung wird allen Stakeholdern und sonstigen Projektbeteiligten als Informationsgrundlage zur Verfügung gestellt und stellt die Basis für die erstmalige Freigabe des Projekts gegenüber dem Lenkungsausschuss dar.

Kapitel 17
Steuern einer Phase

17.1 Zweck

Der Zweck des Prozesses 'Steuern einer Phase' ('Controlling a Stage', CS) ist die anfallenden Arbeiten zuzuweisen, deren Ausführung zu verfolgen und die abgeschlossenen Arbeiten zurückzunehmen, offene Punkte und Risiken zu bearbeiten, dem Lenkungsausschuss über den Fortschritt im Projekt zu berichten und wenn notwendig Korrekturmaßnahmen einzuleiten oder wenn erforderlich Offene Punkte und Risiken zu eskalieren.

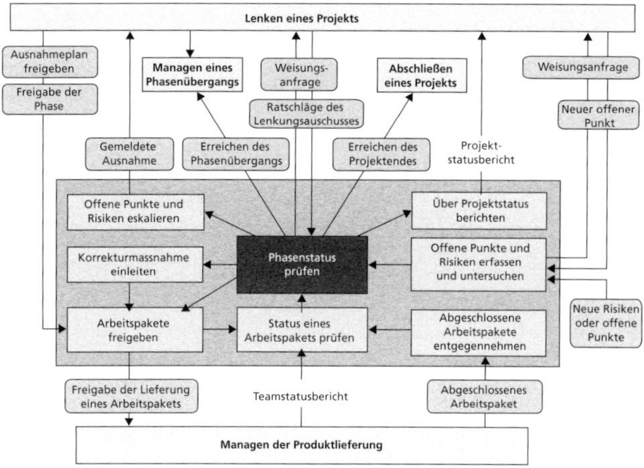

Abb. 17.1 Übersicht des Prozess Steuern einer Phase (Basierend auf OGC PRINCE2 Unterlagen)

17.2 Ziele

Die Ziele des Prozesses 'Steuern einer Phase' sind:

- Aufmerksamkeit auf die Lieferung der Produkte der aktuellen Phase richten und unkontrollierte Änderungen vermeiden (z.B. auch schleichende Änderung der Projektziele und des Umfangs)
- Risiken und offene Punkte werden kontrolliert
- Der Business Case wird wiederholt geprüft
- Die Produkte der Phase werden innerhalb des vereinbarten Budgets, den Aufwänden und der vereinbarten Zeit geliefert und erbringen ihren Beitrag, um den geplanten Nutzen zu erzielen
- Das Projektmanagementteam konzentriert sich auf die Lieferung innerhalb der festgelegten Toleranzen

17.3 Kontext

Der Prozess 'Steuern einer Phase' beschreibt das Tagesgeschäft des Projektmanagers im Projekt. In Projekten, in denen der Projektmanager gleichzeitig die Rolle des Teammanagers einnimmt, sollte die Funktion des Teammanagers dennoch als eigene Funktion beschrieben werden.
Zum Ende des Prozesses 'Steuern einer Phase' (außer der letzten Phase im Projekt) wird der Prozess 'Managen eines Phasenübergangs' angestoßen um die folgende Phase zu planen.
Am Ende der letzten Phase 'Steuern einer Phase' wird der Prozess 'Abschließen eines Projekts' angestoßen (siehe Abbildung 17.1).

17.4 Aktivitäten und empfohlene Tätigkeiten

Aktivitäten des Prozesses 'Steuern einer Phase' beziehen sich auf Arbeitspakete, auf Tätigkeiten des Überwachens und Berichtens sowie auf Tätigkeiten im Zusammenhang mit offenen Punkten.

17.4.1 Arbeitspakete freigeben

Wenn alle Projektmitarbeiter ihre Arbeiten starten würden, wann immer sie selbst es für richtig erachten, würde ein Projekt sehr chaotisch ablaufen. Nach PRINCE2 werden alle Arbeiten nur mit Zustimmung des Projektmanagers angefangen und durchgeführt. Den organisatorischen Rahmen bildet das Arbeitspaket (Work Package, siehe Anhang A.1). Für den Projektmanager können folgende Punkte Auslöser zur Freigabe eines Arbeitspaketes sein: Freigabe eines Phasenplans / Ausnahmeplans, ein reguläres Arbeitspaket nach Phasenplan, eine Korrekturmaßnahme als Reaktion auf einen offenen Punkt oder ein Risiko. Die folgenden Tätigkeiten werden dabei empfohlen:

- Aktuellen Phasenplan prüfen und sicherstellen, dass Produkte, Kosten, Aufwände und Toleranzen verstanden worden sind
- Projektleitdokumentation (PID) durchsehen und sich informieren über benötigte Projektsteuerungsmittel, Qualitätsstandards und Abnahmeverfahren der fertiggestellten Produkte
- Arbeitspakete zusammenstellen
- Arbeitspakete anweisen, mit Teammanager besprechen und sicherstellen, dass Inhalte verstanden und akzeptiert worden sind
- Teamplan überprüfen und Inhalte in Phasenplan übertragen;
- Aktualisieren des Qualitätsregisters und der Konfigurationsdatensätze (Configuration Item Records) sowie (wenn notwendig) das Risikoregister und das Register der offenen Punkte aktualisieren.

17.4.2 Status eines Arbeitspakets prüfen

Ein reguläres Überprüfen des Arbeitspaketes ist dauerhaft notwendig. Die Frequenz der Überprüfung ist bereits mit dem Arbeitspaket vereinbart worden. Die folgenden Tätigkeiten werden dazu empfohlen:

- Aus dem Teamstatusbericht Informationen über den Status und den Fortschritt bezüglich eines aktuellen Arbeitspakets sammeln und bewerten

- Aktualisieren (wenn notwendig) des Risikoregisters und des Registers der offenen Punkte
- Aktualisieren des aktuellen Phasenplans.

17.4.3 Abgeschlossene Arbeitspakete entgegen nehmen

Ist das Arbeitspaket beendet, sollte dem Projektmanager eine Bestätigung darüber vorliegen. Die folgenden Tätigkeiten werden dabei empfohlen:

- Überprüfen, dass die in dem Arbeitspaket beschriebenen Arbeiten ausgeführt und abgeschlossen wurden. Sicherstellen, dass im Qualitätsregister alle Eintragungen zu dem Produkt vollständig sind
- Sicherstellen, dass die verschiedenen Produkte, die Bestandteile der Arbeitspakete sind, abgenommen wurden und dass der Konfigurationsdatensatz aktualisiert wurde
- Aktualisieren des Status des Arbeitspakets im Phasenplan

17.4.4 Phasenstatus prüfen

Um eine Phase des Projekts davor zu schützen außer Kontrolle zu geraten, ist eine regelmäßige Überprüfung des Fortschritts im Vergleich zum Phasenplan notwendig. Die folgenden Tätigkeiten werden dazu empfohlen:

- Fortschritt der Phase überprüfen, indem die folgenden Punkte analysiert werden: Teamstatusberichte, Vergleich Plan- zu Ist-Status, offene Punkte bezüglich der Qualität, Risikoregister, Status aller Korrekturmaßnahmen und die Verfügbarkeit der Ressourcen für das Projekt
- Abhängig von den Ergebnissen der oben genannten Prüfung muss entschieden werden, ob und welche Maßnahmen notwendig sind. Beispiel für Maßnahmen: Autorisierung eines Arbeitspakets, Projektstatusbericht, Eskalation von offenen Punkten und Risiken, Einleiten von Korrekturmaßnahmen, Rat des Lenkungsausschusses einholen, identifizierte Erfahrungen dokumentieren

- Aktualisieren des Phasenplans, des Risikoregisters und des Registers offener Punkte
- Überlegen, ob die gewonnen Erfahrungen jetzt zu prüfen und zu dokumentieren sind oder erst am Phasenende
- Am Ende der aktuellen Phase bereits mit dem Vorbereiten der nächsten Phase beginnen (Aktivitäten finden in 'Managen eines Phasenübergangs' statt)
- Am Ende des Projekts bereits mit dem Vorbereiten des Projektabschlusses beginnen (Aktivitäten finden in 'Abschließen eines Projekts' statt)

17.4.5 Über Projektstatus berichten

Zu den Aufgaben des Projektmanager gehört es, den Lenkungsausschuss und alle Stakeholder über den Fortschritt des Projekts und der jeweiligen Phase zu informieren. In der Kommunikationsmanagementstrategie (A6) ist die Frequenz der Projektstatusberichte (Highlight Report) festgelegt (siehe Anhang A.19). Die folgenden Tätigkeiten werden dazu empfohlen:

- Zusammenstellen der notwendigen Informationen für den Projektstatusbericht aus den folgenden Quellen: Informationen aus dem Teamstatusbericht (Checkpoint Report), dem Risiko-, Offener Punkte- und Qualitätsregister, dem Erfahrungsbericht (Lessons Log), der Produktstatusauskunft (Product Status Account) und allen Versionen des Phasenplans des aktuellen Berichtszeitraums
- Zusammenstellen einer Liste aller durchgeführten Korrekturmaßnahmen
- Prüfen des Projektstatusreports des vorhergehenden Berichtszeitraums
- Zusammenstellen des Projektstatusberichts für den aktuellen Berichtszeitraum
- Verteilen des Berichts an die in der Kommunikationsmanagementstrategie festgelegte Verteilerrunde

17.4.6 Offene Punkte und Risiken erfassen und untersuchen

In der Projektphase werden immer wieder unerwartete offene Punkte und Risiken auftreten. Sie müssen einheitlich, konsequent und zuverlässig erfasst werden. Erst nach dem Erfassen wird untersucht, welchen Einfluss sie auf das Projekt haben könnten. Die folgenden Tätigkeiten werden dazu empfohlen:

- Wenn ein offener Punkt formlos durch den Projektmanager erledigt werden kann, sollte er dies tun und seine Aktivitäten und Entscheidungen im Projekttagebuch (Daily Log) vermerken
- Wenn offene Punkte eine stärkere formale Behandlung benötigen, werden diese wie folgt behandelt: Prüfen der Konfigurationsmanagementstrategie (Configuration Management Strategy) bezüglich des Ablaufs, Aufnahme jedes offenen Punkts in das Register offener Punkte(Issue Register), kategorisieren jedes offenen Punkts (Änderungsantrag, Spezifikationsabweichung oder Problem/Anliegen), Bewertung des Schweregrads, der Priorität und Auswirkungen, Erstellen eines Offenen-Punkt-Berichts (Issue Report), Berichte über den Status des offenen Punkts und Information externer Parteien entsprechend der Kommunikationsmanagementstrategie (siehe Kapitel 11 Änderungen)
- Wenn der offene Punkt auf ein Risiko hinweist, wird folgende Vorgehensweise empfohlen: Prüfung der Risiko-Managementstrategie bezüglich der Anforderungen an das Risiko-Managementverfahren, Eintragen des Risikos in das Risikoregister, Identifizieren des Risikoereignis und seiner Ursache und Wirkung, Bewertung der möglichen Auswirkungen auf den Phasenplan, den Projektplan und den Business Case, Planung ausgewählter Risikobehandlungen, Bericht über den Status des Risikos entsprechend der Risiko- und Kommunikationsmanagementstrategie, gegebenenfalls auch an externe Parteien (siehe Kapitel 10 Risiken)

- Wenn notwendig, einholen von Rat beim Lenkungsausschuss, einleiten von Korrekturmaßnahmen oder Eskalation des offenen Punktes oder des Risikos nach vorheriger Prüfung des Status der Phase

17.4.6 Offene Punkte und Risiken eskalieren

Offene Punkte und Risiken, die vom Lenkungsausschuss vorgegebenen Toleranzgrenzen gefährden / verletzen, müssen eskaliert werden. Die folgenden Tätigkeiten werden dabei empfohlen:

- Prüfen des Phasenplans und des Projektplans und Betrachtung die Abweichung auf den gesamten Zeitraum unter der Annahme, dass keine Korrekturmaßnahmen eingeleitet werden
- Ermittlung der verfügbaren Optionen und Bewertung dieser anhand des Phasenplans und des Business Case
- Zusammenfassen der Situation, die Alternativen und die empfohlene Vorgehensweise in einem Ausnahmebericht und Vorlage beim Lenkungsausschuss (siehe Anhang A10)

17.4.7 Korrekturmaßnahmen einleiten

Für offene Punkte und Risiken die durch das Ergreifen von Korrekturmaßnahmen in dem vom Lenkungsausschuss vorgegebenen Korridor der Toleranzen gelöst werden können, werden die folgenden Tätigkeiten empfohlen:

- Erfassen aller relevanten Informationen bezüglich der Abweichung
- Identifizieren der Möglichkeiten der Abweichung entgegen zuwirken und Auswahl der besten Lösung
- Auslösen von Korrekturmaßnahmen durch die Freigabe von Arbeitspaketen, aktualisieren der Konfigurationsdatensätze (Configuration Item Records) der Produkte

- Aktualisieren des sich aus den Korrekturmaßnahmen ergebenen Status in den Offener-Punkt-Bericht, in das Register offener Punkte und in das Risikoregister
- Aktualisieren des Phasenplans

Kapitel 18
Managen der Produktlieferung

18.1 Zweck

Der Prozesses 'Managen der Produktlieferung' ('Managing Product Delivery', MP) steuert und kontrolliert die Verbindung zwischen Projektmanager und Teammanager, indem formelle Anforderungen an die Annahme, Ausführung und Lieferung der Projektarbeiten gestellt werden.

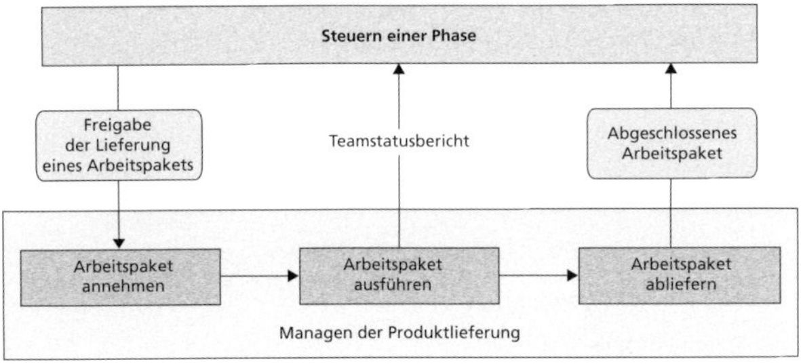

Abb. 18.1 Übersicht des Prozess Managen der Produktlieferung (Quelle: Erfolgreiche Projekte Managen mit PRINCE2™, OGC)

18.2 Ziele

Das Ziel des Prozesses 'Managen der Produktlieferung' ist sicherzustellen:

- dass die Arbeitspakete, die dem Team zugeordnet wurden, ordnungsgemäß vereinbart und freigegeben werden
- dass Teammanager, Teammitglieder wissen, welche Produkte zu welchem Arbeitsaufwand, zu welchen Kosten und in welcher Zeit geliefert werden sollen

- dass die Produkte den Erwartungen entsprechen und innerhalb der gesetzten Toleranzen geliefert werden
- dass der Projektmanager richtige und regelmäßige Informationen bezüglich der Produktlieferung erhält

18.3 Kontext

'Managen der Produktlieferung' betrachtet das Projekt aus der Perspektive des Teammanagers (siehe Abbildung 18.1). Der Teammanager stellt sicher, dass sein Team Arbeitspakete ausführt und fertige Arbeitspakete bzw. Produkte liefert. Dazu muss er:

- vom Projektmanager freigegebene Arbeitspakete annehmen und prüfen
- sicherstellen, dass Schnittstellen eingehalten werden;
- einen Teamplan erstellen. Der Umfang des Plans kann dem Volumen und der Komplexität des Produktes angepasst werden. Er kann eine einfache Liste als Anhang zum Arbeitspaket sein oder auch ein umfangreicher Plan, der ähnlich einem Phasenplan aufgebaut ist
- sicherstellen, dass die Produkte mit den vereinbarten Entwicklungsmethoden erstellt werden
- nachweisen, dass jedes Produkt den Qualitätskriterien entspricht
- die Abnahme fertig gestellter Produkte von den in der Produktbeschreibung benannten Instanzen einholen
- die fertigen und abgenommenen Produkte an den Projektmanager übergeben. Das Verfahren der Übergabe kann in der Beschreibung des Arbeitspakets enthalten sein

18.4 Aktivitäten und empfohlene Tätigkeiten

Der Prozess 'Managen der Produktlieferung' umfasst drei Tätigkeitsbereiche, die im Folgenden beschrieben werden.

18.4.1 Arbeitspaket annehmen

Bezüglich der auszuführenden Arbeiten und all ihrer Aspekte sollte es Vereinbarungen zwischen Projektmanager und Teammanager geben. Die folgenden Tätigkeiten werden dazu empfohlen:

- Bewerten des Arbeitspakets und sicherstellen, dass Projekt- und Teammanager das gleiche Verständnis zu den Themen bzgl. Inhalt und Umfang, Randbedingungen, Toleranzen und Anforderungen an das Reporting haben. Weiterhin ist (im Arbeitspaket) zu beschreiben, wie Abnahmen erteilt werden, Produktübergaben stattfinden und wie der Projektmanager über den Abschluss der Arbeiten informiert wird
- Erstellen eines Teamplans, der aufzeigt, wie die Produkte unter den gegebenen Randbedingungen geliefert werden können
- Bewerten aller Risiken in Bezug auf den Teamplan; sicherstellen, dass der Projektmanager über alle neuen oder geänderten Risiken informiert wird
- Mit der Projektsicherung abstimmen, ob weitere Gutachter für die Qualitätsprüfung benötigt werden und Ergebnisse im Qualitätsregister festhalten
- Offizielle Annahme des Arbeitspakets und Übernahme der Verantwortung für die Lieferung der Produkte

18.4.2 Arbeitspaket ausführen

Während der Ausführung des Arbeitspaketes soll der Teammanager wie vereinbart über den Fortschritt Bericht erstatten. Team bzw. Teammanager sollten die vorgegebenen Toleranzen nicht überschreiten. Sollte sich eine Überschreitung der Toleranzen ankündigen, liegt es in der Verantwortung des Teammanagers einen offenen Punkt zu melden. Die folgenden Tätigkeiten werden dabei empfohlen:

- Steuern der Entwicklung der Produkte,
  - indem auf die Einhaltung der Qualitätskriterien geachtet wird,

  - indem die im Arbeitspaket geforderten Techniken, Prozesse und Verfahren eingehalten werden,
  - indem die Schnittstellen zur Entwicklung und zu Betrieb und Wartung eingehalten werden,
  - indem der Prozess zum Aktualisieren des Qualitätsregisters eingehalten wird
- Aufwand (Kosten und Zeit) dokumentieren
- Überwachen aller offenen Punkte, Erfahrungen und Risiken und Information des Projektmanagers über deren Status. Wenn notwendig Eröffnung eines offenen Punkts
- Einholen der Abnahme für fertiggestellte Produkte, Erstellen der Abnahmedokumentation entsprechend der Anweisung im Arbeitspaket, Aktualisieren der Konfigurationsdatensätze (Configuration Item Records)
- Überprüfen und dem Projektmanager über den Status des Arbeitspakets in Form von Teamstatusberichten berichten (Checkpoint Reports)

18.4.3 Arbeitspaket abliefern

Der Projektmanager sollte über die Fertigstellung von jedem Arbeitspaket informiert werden. Die folgenden Tätigkeiten werden dabei empfohlen:

- Prüfen im Qualitätsregister, ob alle geforderten Aktivitäten abgeschlossen wurden
- Prüfen der Abnahmedokumentation und sicherstellen, dass alle zu liefernden Produkte abgenommen wurden
- Aktualisieren des Teamplans, liefern fertiggestellter Produkte und informieren des Projektmanagers über den Abschluss der Arbeiten

Kapitel 19
Managen eines Phasenübergangs

19.1 Zweck

Der Prozess 'Managen eines Phasenübergangs' (Managing a Stage Boundary, MS) liefert dem Lenkungsausschuss ausreichend Informationen, um den Erfolg der aktuellen Phase einzuschätzen und die nächste Phase freigeben zu können. Der Lenkungsausschuss prüft den aktualisierten Projektplan und vergewissert sich, dass das Projekt weiterhin geschäftlich gerechtfertigt ist und die Risiken in einem akzeptablen Rahmen liegen. Wenn notwendig wird dem Lenkungsausschuss ein Ausnahmeplan (Exception Plan) zur Freigabe vorgelegt.

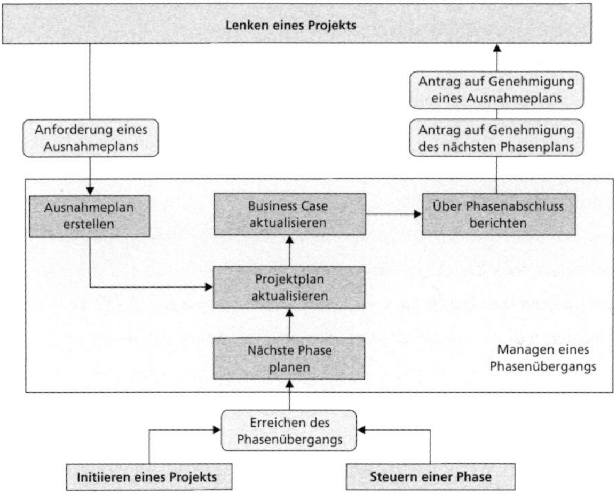

Abb. 19.1 Überblick des Prozess Managen eines Phasenübergangs (Basierend auf OGC PRINCE2 Unterlagen)

19.2 Ziele

Die Ziele des Prozesses 'Managen eines Phasenübergangs' sind:

- dem Lenkungsausschuss gegenüber bestätigen, dass alle Produkte der aktuellen Phase abgeschlossen und abgenommen sind
- den Phasenplan für die nächste Phase erstellen
- Projektleitdokumentation (Project Initiation Documentation) prüfen und gegebenenfalls aktualisieren
- dem Lenkungsausschuss alle benötigten Informationen bezüglich des geschäftlichen Erfolgs und bezüglich aller Risiken des Projekts liefern
- Dokumentation aller Erfahrungen, um diese in späteren Projektphasen oder folgenden Projekten nutzen zu können
- Beantragen der Freigabe der nächsten Phase

Im Fall einer Ausnahme hat der Prozess 'Managen eines Phasenübergangs' folgende Ziele:

- Vorbereiten eines Ausnahmeplans auf Anweisung des Lenkungsausschusses
- Beantragung der Genehmigung, um den aktuellen Projekt- oder Phasenplan gegen den Ausnahmeplan zu ersetzen

19.3 Kontext

Der Lenkungsausschuss prüft und bestätigt an jedem Phasenende die Weiterführung des Projekts. Die Aufgabe des Projektmanagers ist es dafür zu sorgen, dass der Lenkungsausschuss in die Lage versetzt wird, die richtigen Entscheidungen treffen zu können (siehe Abbildung 19.1).

19.4 Aktivitäten und empfohlene Tätigkeiten

19.4.1 Nächste Phase planen

Am Ende der aktuellen Phase erarbeitet der Projektmanager den Phasenplan der nächsten Phase. Dazu stimmt er sich mit dem Lenkungsausschuss, der Projektsicherung, den Teammanager(n) und allen Stakeholdern ab. Die folgenden Tätigkeiten werden dazu empfohlen:

- Prüfen aller Elemente der Projektleitdokumentation bezüglich notwendiger Änderungen
- Erstellen des Phasenplans für die nächste Phase. Prüfen des Projektplans, der Qualitätsmanagementstrategie, des Registers der Risiken sowie der offenen Punkte. Erstellen oder aktualisieren des Produktstrukturplans, der Produktbeschreibungen sowie Produktflussdiagramms für alle Produkte der nächsten Phase
- Erstellen oder aktualisieren der Konfigurationsdatensätze (Configuration Item Records) für die Produkte, die in der nächsten Phase geliefert werden sollen
- Aktualisieren des Registers der offene Punkte und des Risikoregisters mit neuen oder geänderten offenen Punkten bzw. Risiken
- Geplante Qualitätsmanagementaktivitäten in das Qualitätsregister eintragen

19.4.2 Projektplan aktualisieren

Der Lenkungsausschuss benötigt den Projektplan, um den Fortschritt des Projekts mit dem Plan zu messen. Gegen Ende der aktuellen Phase werden die erzielten Fortschritte eingetragen. Weiterhin werden die prognostizierten Kosten und Zeiten aus dem Phasen- oder Ausnahmeplan für die nächste Phase in den Projektplan übernommen. Die folgenden Tätigkeiten werden empfohlen:

- Prüfen des aktuellen Phasenplans auf Vollständigkeit und aktualisiere bei Bedarf
- Aktualisieren des Projektplans und übertragen: Ist-Stand des aktuellen Phasenplans, Planung für nächste Phase, Änderungen zu der Produktbeschreibung des Projektendprodukts, Auswirkungen von offenen Punkten und Risiken, neue oder geänderte Anforderungen des Lenkungsausschusses und Produkte sowie sämtliche Änderungen am PID
- Gegebenenfalls aktualisieren das Registers offener Punkte und des Risikoregisters.

19.4.3 Business Case aktualisieren

Der Lenkungsausschuss wird ein Projekt fortführen, so lange es fortlaufend geschäftlich gerechtfertigt ist. Da die Projektumgebung sich dynamisch ändert, muss auch die Überprüfung des Projekts auf geschäftliche Rechtfertigung immer erneut stattfinden, gerade auch wenn sich Kosten und Endtermine geändert haben. Die folgenden Tätigkeiten werden dazu empfohlen:

- Prüfen der Risikosituation und identifizieren von Hauptrisiken, die den Business Case gefährden
- Aktualisieren des Nutzenrevisionsplans (Benefits Review Plan), wenn in dieser Phase eine Nutzenrevision durchgeführt wurde
- Prüfen und Bewerten des Nutzenrevisionsplans, den Einfluss von genehmigten Änderungen auf den Nutzen, das Risikoprofil und Hauptrisiken, das Register offener Punkte (speziell offene Punkte, die den Business Case beeinflussen), den Projektplan, um festzustellen, ob Kosten und Entscheidungspunkte geändert wurden und daher einen Einfluss auf die Kosten-Nutzenanalyse haben. Überlegen, ob weitere Nutzenrevisionen in der nächsten Phase notwendig sind und aktualisieren des Nutzenrevisionsplans bei Bedarf

- Überarbeite des Business Case und des Nutzenrevisionsplan (bei Bedarf)
- Aktualisiere des Registers offener Punkte und des Risikoregisters (bei Bedarf)

19.4.4 Über Phasenabschluss berichten

Diese Aktivität sollte so nah wie möglich an dem jeweiligen Phasenende stattfinden. Die folgenden Tätigkeiten werden empfohlen:

- Prüfen des Status des aktualisierten Business Case, den Phasenplan, die vom Team erbrachte Leistung und die erbrachten Leistungen hinsichtlich der Produkte. Bewertung eingetragener offener Punkte und Risiken
- Vorbereitung des Phasenabschlussberichts (End Stage Report) (siehe Anhang A11). Prüfen der Kommunikationsmanagementstrategie um festzustellen, wer von den externen Beteiligten eine Kopie des Phasenabschlussberichts erhält

19.4.5 Ausnahmeplan erstellen

Als Reaktion auf einen Ausnahmebericht (Exception Report) kann der Lenkungsausschuss einen Ausnahmeplan anfordern (Exception Plan). Obwohl die Erstellung eines Ausnahmeplans vor dem planmäßigen Termin für den Phasenübergang erfolgt, bedeutet seine Genehmigung durch den Lenkungsausschuss das Ende der vorherigen Phase und ist damit ein Phasenübergang. Die folgenden Tätigkeiten werden dabei empfohlen:

- Im Register der offenen Punkte - bei dem offenen Punkt der zum Ausnahmeplan geführt hat - vermerken, dass der Lenkungsausschuss einen Ausnahmeplan angefordert hat
- Prüfen der Projektleitdokumentation auf notwendige Änderungen, zum Beispiel in den Kundenqualitätserwartungen, in den Akzeptanzkriterien, im Projektlösungsansatz, im Projektmanagementteam, in den Rollenbeschreibungen. Sind die eingesetzten Strategien

und Steuerungsmittel noch zielführend? Aktualisieren der Projektleitdokumentation (bei Bedarf)

- Erstellen eines Ausnahmeplans:
  - Prüfen des Phasenplans, um festzustellen, welche Produkte zu erstellen sind
  - Prüfen des Ausnahmeberichts, um festzustellen, welche bereits empfohlenen Maßnahmen in den Ausnahmeplan übernommen werden können
  - Prüfen der Qualitätsmanagementstrategie, ob neue Produkte produziert werden müssen
  - Aktualisieren des Produktstrukturplans, die Produktbeschreibungen und das Produktflussdiagramm in Bezug zum Ausnahmeplan
- Erstellen oder aktualisieren des Konfigurationsdatensatz für die Produkte, die im Ausnahmeplan beschrieben sind
- Aktualisieren Register offener Punkte und Risikoregister hinsichtlich neuer oder geänderter offener Punkte und Risiken
- Aktualisiere des Qualitätsregisters hinsichtlich der geplanten Aktivitäten in Bezug auf das Qualitätsmanagement

Kapitel 20
Abschließen eines Projekts

20.1 Zweck

Der Zweck des Prozesses 'Abschließen eines Projekts' ('Closing a Project', CP) ist, einen definierten Zeitpunkt zu schaffen, an dem die Abnahme des Projektendprodukts (Project Product) bestätigt wird. Die Abnahme bestätigt, dass die in der Projektleitdokumentation beschriebenen Ziele, bzw. die genehmigten Änderungen dieser Ziele erreicht worden sind oder das Projekt keine weiteren Ergebnisse erzielen kann.

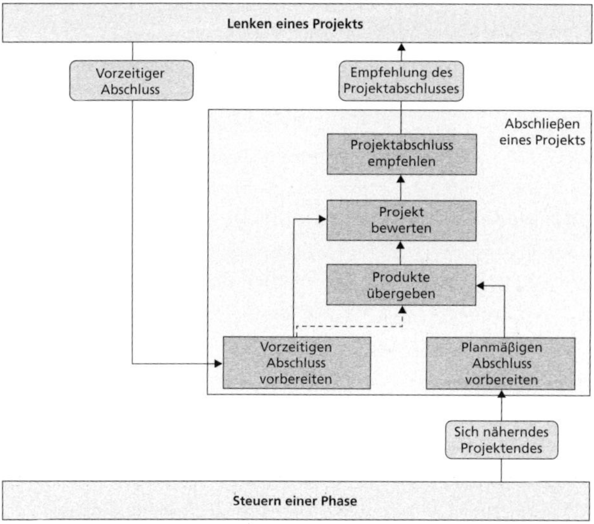

Abb. 20.1 Übersicht des Prozess Abschließen eines Projekts (Basierend auf OGC PRINCE2 Unterlagen)

20.2 Ziele

Die Ziele des Prozesses 'Abschließen eines Projekts' sind:

- Sicherstellen, dass die Projektprodukte von den Benutzern abgenommen wurden
- Sicherstellen, dass die Produkte über die Projektphase hinaus unterstützt und gewartet werden können
- Prüfen der Leistungen des Projekts im Vergleich zur Baseline
- Bewerten des bereits realisierten Nutzens, Aktualisieren der Prognose für den zu erwartenden Nutzen und planen der Revision für den bisher noch nicht realisierten Nutzen
- Sicherstellen, dass für alle bisher nicht gelösten offenen Punkte und Risiken Folgeaktionen festegelegt wurden

20.3 Kontext

Ein deutliches Ende eines Projekts:

- ist immer besser als ein gleitender Übergang in den operativen Tagesbetrieb, weil alle beteiligten Parteien bestätigen, dass die geplanten Ziele erreicht wurden, dass das Projekt nun beendet wird, dass die Produkte in den Betrieb überführt werden (oder von einem folgenden Projekt oder Programm weitergeführt werden), dass das Projektmanagementteam aufgelöst wird und keine weiteren Projektkosten mehr anfallen werden
- bietet die Gelegenheit nicht erreichte Ziele zu identifizieren und entsprechende Aktionen einzuleiten
- überträgt die Verantwortung vom Projektmanagementteam auf den Kunden

Der Auslöser für den Prozess 'Abschließen eines Projekts' kann frühzeitig oder wie geplant erfolgen (siehe Abbildung 20.1).

20.4 Aktivitäten und empfohlene Tätigkeiten

20.4 1 Planmäßigen Abschluss vorbereiten

Bevor der Projektmanager den Abschluss des Projekts empfiehlt, muss er sicherstellen, dass die erwarteten Resultate erzielt und die Produkte geliefert worden sind. Die folgenden Tätigkeiten werden dazu empfohlen:

- Aktualisieren des Projektplans hinsichtlich der Ergebnisse der letzten Phase
- Anfordern einer Produktstatusauskunft (Product Status Account) von der Projektunterstützung
- Bestätigen, dass das Projekt alle geplanten Produkte geliefert hat und dass die Akzeptanzkriterien erfüllt worden sind
- Bestätigen lassen, dass das Unternehmens- bzw. Programmmanagement über die Freisetzung der Projekt-Ressourcen informiert werden kann

20.4.2 Vorzeitigen Abschluss vorbereiten

In bestimmten Situationen kann der Lenkungsausschuss den Projektmanager anweisen, das Projekt vorzeitig zu beenden. Der Projektmanager hat dann sicherzustellen, dass die Arbeiten nicht einfach eingestellt werden, sondern dass alle bereits geschaffenen Werte erhalten bleiben und gesichert werden. Entstehen durch das vorzeitige Projektende Risiken oder Lücken, sollte das Unternehmens- bzw. Programmmanagement informiert werden. Die folgenden Tätigkeiten werden dazu empfohlen:

- Aktualisieren (bzw. Aufnehmen) des offenen Punkts, der zum frühzeitigen Ende des Projekts geführt hat
- Aktualisieren des Projektplans mit den Ergebnissen der letzten Managementphase
- Anfordern einer Produktstatusauskunft (Product Status Account) von der Projektunterstützung. Dabei sollte der jeweilige Status der Produkte bestimmt und dargestellt werden

- Abstimmen, wie mit fertiggestellten und nichtfertiggestellten Produkten umgegangen wird
- Bestätigen lassen, dass das Unternehmens- bzw. Programmmanagement über die frühzeitige Freisetzung der Projekt-Ressourcen informiert werden kann

20.4.3 Produkte übergeben

Vor dem Abschluss des Projekts müssen die Projektprodukte an den Betrieb bzw. die Wartungsorganisation übergeben werden. Dies kann am Ende des Projekts in einem Schritt (einzelnes Release) durchgeführt werden oder schon während der Projektphase in einem schrittweisen Vorgehen, also in mehreren Releasen. Die folgenden Tätigkeiten werden empfohlen:

- Empfehlungen für Folgeaktionen bezüglich der Produkte, nicht abgeschlossener Arbeiten, offener Punkte und Risiken erstellen
- Überprüfen, ob der Nutzenrevisionsplan (Benefits Review Plan) Prüfungen für Nutzen enthält, die erst nach Abschluss des Projekts beurteilt werden können
- Prüfen der Konfigurationsmanagementstrategie nach Vorgaben, wie die Produkte an den Betrieb bzw. die Organisation der Wartung übergeben werden
- Bestätigen der Abnahme der Produkte sowie die Übernahme der Verantwortung für die Produkte durch den Betrieb bzw. die Organisation der Wartung.

20.4.4 Projekt bewerten

Erfolgreiche Unternehmen und Organisationen lernen aus den Erfahrungen ihrer Projekte. Daher werden Projekte daraufhin untersucht, wie erfolgreich oder erfolglos sie waren und wie Schätzung verbessert werden können. Die Ergebnisse sollen zukünftigen Projekten helfen. Die folgenden Tätigkeiten werden dazu empfohlen:

- Prüfen der ursprünglichen Absichten die in der ersten Baseline der Projektleitdokumentation dargestellt sind
- Prüfen der genehmigten Änderungen, die in der aktuellen Version der Projektleitdokumentation dargestellt sind
- Erstellen eines Projektabschlussberichts (siehe Anhang A.16)
- Erstellen eines Erfahrungsberichts für die Nutzung in zukünftigen Projekten und einholen der Genehmigung vom Lenkungsausschuss diesen an das Unternehmens- bzw. Programmmanagement zu versenden (siehe Anhang A.4)

20.4.5 Projektabschluss empfehlen

Die Empfehlung zum Projektabschluss sollte dem Lenkungsausschuss vorgelegt werden, sobald der Projektmanager bestätigt hat, dass das Projekt geschlossen werden kann. Die folgenden Tätigkeiten werden dabei empfohlen:

- Prüfen mit Hilfe der Kommunikationsmanagementstrategie, welche Personen und Organisationen über einen Projektabschluss zu informieren sind
- Alle Register sowie das Projekttagebuch und das Erfahrungsprotokoll schließen
- Sammeln und archivieren aller Projektinformationen, um ein zukünftiges Audit des Projektmanagementteams in Sachen Leistung, Tätigkeiten und Entscheidungen zu ermöglichen
- Erstellen eines Entwurfs der Ankündigung des Projektabschlusses und Übergabe zur Überprüfung an den Lenkungsausschuss

Kapitel 21
PRINCE2 an die Projektumgebung anpassen

21.1 Was ist Anpassung?

Die Methode PRINCE2 kann an die spezifischen Faktoren eines Projekts oder Projektumgebung angepasst werden. Die Anpassung (Tailoring) bezieht sich auf die Wahl des angemessenen Umfangs von Planen, Steuern, der Governance sowie der Prozesse und Themen.
Dem gegenüber steht die Integration, also die Einführung von PRINCE2 als Methode in einem Unternehmen. Die Integration (Embedding) setzt eine Anpassung voraus. Tabelle 21.1 zeigt die Unterschiede zwischen Integration und Anpassung.

Integration	Anpassung
Aufgabe der Organisation bei der Einführung von PRINCE2	Aufgabe des Projektmanagementteams zur Abstimmung der Methode auf den Kontext eines konkreten Projekts
Kernpunkte: • Prozessverantwortlichkeiten • Regeln zur Anpassung an die Projektgröße • Standards (Vorlagen, Definitionen) • Training und Entwicklung • Einbindung in Geschäftsprozesse • Werkzeuge • Prozesssicherung	Kernpunkte: • Anpassen der Themen durch Strategien und Steuerungsmittel • Einbinden von spezifischen Begriffen • Anpassen der Produktbeschreibungen für Managementprodukte • Anpassen der Rollen(beschreibungen) an PRINCE2 • Anpassen der o.g. Prozesse an PRINCE2
Anleitung in 'PRINCE2 Maturity Model'.	Anleitung in diesem Taschenbuch.

Tabelle 21.1 Integration und Anpassung (Quelle: Erfolgreiche Projekte Managen mit PRINCE2™, OGC)

Anpassung ist nicht einfach das Weglassen von einzelnen PRINCE2-Bestandteilen. Das Weglassen würde die Methode schwächen. Die

Anpassung ist vielmehr das Maßschneidern der Methode auf die Bedürfnisse.
Die Anpassung ist zu einem gewissen Grad notwendig, denn wird die Methode nicht angepasst, besteht die Gefahr, dass PRINCE2 als das Abarbeiten von Vorlagen verstanden wird.

21.2 Allgemeiner Ansatz zum Anpassen von PRINCE2 an die Projektumgebung

PRINCE2 soll angepasst werden, um den spezifischen Faktoren des Projekts und der Projektumgebung gerecht zu werden. Beim Anpassen sind die PRINCE2-Prinzipien eine Hilfe für den Projektmanager. Denn die Prinzipien sind universell, sie gelten immer, werden nicht angepasst und stellen sicher, dass die PRINCE2-Methode während der Anpassung nicht an Wert verliert (siehe Abbildung 13.1).

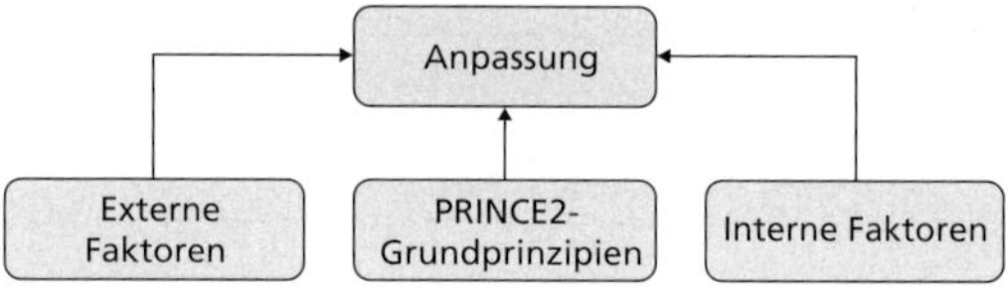

Abb. 21.1 Einflüsse beim Anpassen (Basierend auf PRINCE2 Unterlagen)

Bei der Anpassung sind folgende Aspekte zu berücksichtigen:

- *Das Anpassen der Themen* wird im Regelfall umgesetzt, indem Faktoren aus der Projektumgebung in die Strategien und Steuerungsmittel des Projekts eingearbeitet werden. Beispiele sind: Übernehmen von Regelungen und Standards des Unternehmens- bzw. Programmmanagements
- *Das Anwenden der Terminologie der Organisation* kann hilfreich sein, wenn damit eine bessere Verständigung aller am Projekt Beteiligter erreicht wird. Beispiel: Ein Unternehmen nennt einen entsprechenden

Bericht Fortschrittsbericht anstatt PRINCE2-Projektstatusbericht.

- *Das Anpassen der Managementprodukte* ist empfehlenswert, wenn für die Organisation spezifische Abschnitte, zum Beispiel in der Produktbeschreibung, ein besseres Verständnis bzw. eine Hilfe für das Projekt bedeuten
- *Das Anpassen der Rollen* kann notwendig sein, da die Standardrollenbeschreibungen nicht in jedem Fall zu den individuellen Kapazitäten und Verantwortungsbereichen im Unternehmen passen
- *Das Anpassen der Prozesse* kann zur Änderung der Verantwortlichkeiten für Aktivitäten führen. Besondere Vorsicht ist geboten wenn (externe) Standardmanagementprodukte als Referenz benutzt werden sollen.

Um sicherzustellen, dass alle am Projekt Beteiligten den Grad und die Details der Anpassung nachvollziehen können, sollten während der Anpassung getroffenen Definitionen eindeutig im PID beschrieben sein.

21.3 Anpassen von PRINCE2 - Beispiele

Die folgenden Abschnitte zeigen anhand einiger Beispielprojektszenarien, wie die Methode PRINCE2 angepasst werden kann. Diese Beispiele sollten nicht als eine vollständige Auflistung gesehen werden, sondern eher als generische Hilfestellung. Jeder Projektmanager sollte die Vor- und Nachteile dieser Beispiele für sich abwägen und entsprechend der eigenen Herausforderungen anpassen.

21.4 Projekte in einer Programmumgebung

Befristete Organisationsformen wie Programme bestehen oft über die Zeitspanne von Projekten hinaus, sodass sie noch aktiv sind, wenn der Nutzen der Projekte sichtbar wird, das Projekt aber schon abgeschlossen wist. In Tabelle 21.2 werden weitere Eigenschaften von Programmen und Projekten verglichen.

Projekt	Programm
Ausgerichtet auf die zu liefernden Produkte	Ausgerichtet auf die Vision des “end state”
Zeitlich begrenzt mit definierten Start und Ende	Kein vordefinierter Weg
In Inhalt und Umfang festgelegt auf Produkte	Änderungen der Business-Capability
Produktlieferung	Koordiniert Projekte Koordiniert Output-Lieferung, inklusive Projekte, die keinen direkten Nutzen erbringen
Nutzenrealisierung meist nach Projektende	Nutzen realisiert während des Programms und danach
Kürzere Laufzeit	Längere Laufzeit

Tabelle 21.2 Vergleich zwischen Programmen und Projekten (Basierend auf OGC PRINCE2 Unterlagen)

Wann immer ein Projekt Teil eines Programms ist, werden sich Aspekte ergeben, die eine Anpassung der -PRINCE2-Methode notwendig machen. Dies wird oft Themen, Prozesse und Managementprodukte betreffen. In diesem Abschnitt wird als Referenz für Programmmanagementaspekte das Buch “Managing Successful Programs” der OGC benutzt.

Bei der Erstellung des Business Case für das Projekt werden Standards aus dem Programm vorgegeben. Das Programm selbst wird einen Business Case haben, der umfassender ist als der des Projekts. In vielen Fällen wird der Business Case des Projekts direkt von den Verantwortlichen des Programms entwickelt. Der Projektnutzen wird im Programm überwacht, wobei der Nutzenrevisionsplan des Projekts (Benefit Review Plan) Teil des Nutzenrealisierungsplans des Programms ist (Benefit Realization Plan).

Viele Aspekte der Programm- und Projektorganisation müssen zusammenspielen, um ein effizientes Berichtswesen und klare Verantwortlichkeiten zu ermöglichen und um doppelte Arbeit zu vermeiden. Im Folgenden sind einige Beispiele für Rollenbesetzungen in Programmen und Projekten aufgeführt:

- Ein Programmmanager könnte der Auftraggeber (Executive) des Projekts sein
- Der Change Manager des Unternehmens oder des Programms übernimmt im Projekt die Rolle des Benutzervertreters (Senior User)
- Die Design Authority des Programms kann die Rolle der Projektsicherung oder eine Rolle im Änderungsausschuss wahrnehmen
- Das Team der Programmunterstützung kann ebenfalls das Projekt unterstützen

Die Qualitätsmanagementstrategie des Projekts kann aus der Qualitätsmanagementstrategie des Programms abgeleitet werden. Dabei kann das Managementteam des Programms Qualitätskontrollen sowie Qualitätssicherungsmaßnahmen durchführen oder anweisen und Empfehlungen zu Qualitätsmethoden vorschlagen.

Bei der Planung des Projekts sollten Prüfungs- und Überwachungselemente aus dem Programm verwendet werden. Ebenso sollten Abhängigkeiten zu

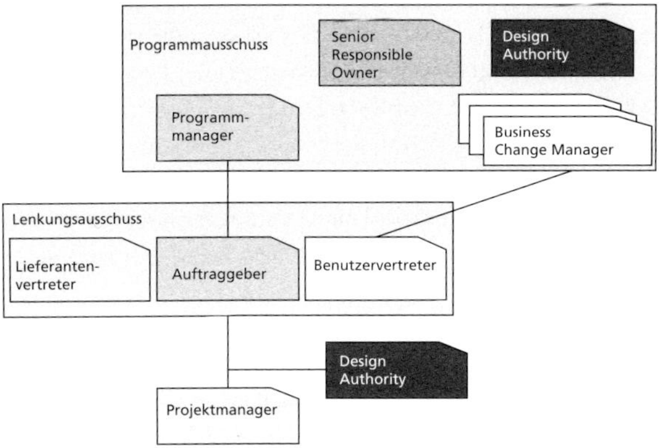

Abb. 21.2 Rollenbesetzungen in Projekten und Programmen (Basierend auf OGC PRINCE2 Unterlagen)

weiteren Projekten eines Programms bei der Planung bedacht werden.

Die Risiko-Managementstrategie des Programms sollte bei der Auswahl von Techniken und Kategorien sowie bei der Skalierung im Projekt bedacht werden.

Die Strategie, nach der im Programm offene Punkte gelöst werden, sollte in das Verfahren der Änderungskontrolle integriert werden.

Die Informationsstrategie des Programms setzt Standards und gibt Vorgaben für die Konfigurationsmanagementstrategie des Projekts.

Überwachungs- und Kontrollstrategien des Programms werden das Projektberichtswesen und die Prüfungsaktivitäten beeinflussen. Ebenso werden Toleranzen, Phasenlänge und Anzahl der Phasen durch das Programm beeinflusst.

'Vorbereiten eines Projekts' (SU) ist der einzige Projektmanagementprozess, der direkt durch das Programmmanagementteam ausgeführt wird. Alle anderen Managementprozesse werden durch das Projektteam ausgeführt, haben aber eine direkte Schnittstelle zum Unternehmens- bzw. Programmmanagement.

Bezüglich der Managementprodukte und ihrer Strategiedokumente ist zu überlegen, ob ein einheitliches Erscheinungsbild zwischen Programm und Projekt gewünscht ist oder ob gerade Unterschiede (wie die Wertigkeit) herausgestellt werden sollen. Bezüglich aller Register und Protokolle sollte klar definiert sein, wer sich (im Projekt oder Programm) für die Aktualisierung und Kommunikation der Inhalte verantwortlich zeichnet.

21.5 Größenordnung des Projekts

Die Größenordnung eines Projekts ist nicht eindimensional abhängig von der Größe. Parameter wie Komplexität, Risiken und Bedeutung spielen bei der Bewertung ebenfalls eine entscheidende Rolle, siehe Tabelle 21.3. Immer sollten alle PRINCE2-Prinzipien berücksichtigt werden. Der Einsatz von PRINCE2 kann durchaus als Weg verstanden werden - als Weg Projektfehler zu vermeiden. Wann immer ein PRINCE2 Element bewusst nicht benutzt wird, sollte dies gleichzeitig als Risiko dokumentiert werden.

Projekt größe	Merkmale	Anwendung von PRINCE2
Groß ↑	• Programm • Änderung von Geschäftsprozessen	• MSP im Programm, PRINCE2 im Projekt
	• Schwieriges Projekt • Hohe Risiken, Kosten, Bedeutung, Reichweite • Über mehrere Organisationen • International	• Mehrere Lieferphasen • Erweiterter Lenkungsausschuss • Separate Teammanager und Projektunterstützung • Managementprodukte nicht kombiniert
	• Normales Projekt • Mittlere Risiken, Kosten, Bedeutung, Reichweite • Mehrere Standorte	• Eine oder mehrere Lieferphase • Standard Lenkungsausschuss • Separate Teammanager und Projektunterstützung als Option • Einige Managementprodukte kombiniert
	• Einfaches Projekt • Geringe Risiken, Kosten, Bedeutung, Reichweite • Einzelner Standort • Einzelne Organisation	• Eine Lieferphase • Einfacher Lenkungsausschuss • Projektmanager in der Funktion des Teammanager und der Projektunterstützung • Managementprodukte kombiniert
↓ Klein	• Kein Projekt, einzelne Aufgabe • Lenkungsausschuss besteht aus einer Person • Projektmanager übernimmt ebenfalls Ausführung der Arbeiten • Kosten aus Budget des Tagesgeschäfts • Einfache geschäftliche Rechtfertigung / Anweisung	• Lieferung von einem Arbeitspaket

Tabelle 21.3 Beispiele für Projekte unterschiedlicher Größenordnung (basierend auf OGC PRINCE2 Unterlagen)

Einfache Projekte: Mit Bezug auf PRINCE2-Themen sollten für einfache Projekte die folgenden Punkte bedacht werden:

- Rollen und Funktionen sollen zusammengelegt und kombiniert, aber nicht gestrichen werden. Beispiel: Der Projektmanager kann die Rolle der Projektunterstützung und des Teammanagers in sich vereinigen. Der Auftraggeber kann gleichzeitig die Funktion des Benutzervertreters ausfüllen
- Der Business Case für einfache Projekte kann in einer beliebigen Form der geschäftlichen Rechtfertigung dargestellt werden
- Einfache Produktbeschreibungen und Pläne können ausreichend sein
- Ein gewisses, wenn auch einfaches Verständnis von Qualitätsanforderungen ist stets notwendig
- Risiko-Analysen, Maßnahmen und Berichtswesen können mit einfachen Mitteln umgesetzt werden
- Eine einfache Methode für das Steuern von Änderungen im Projekt kann angewandt werden
- Ein kurzes schriftliches, im Einzelfall auch mündliches Reporting kann etabliert werden

Auch in einem einfachen Projekt sind alle der PRINCE2-Prozesse relevant. In einigen Fällen kann es angemessen sein das 'Vorbereiten eines Projekts' in einem weniger formalen Weg durchzuführen oder mit 'Initiieren eines Projekts' zu verbinden.

In Bezug auf Managementprodukte sollten in kleinen oder einfachen Projekten folgende Punkte bedacht werden:

- Der Lenkungsausschuss akzeptiert mündliche Berichte bzw. einen mündlichen Informationsaustausch
- Berichte können in Form einer E-Mail abgefasst werden
- Die Projektleitdokumentation kann als Präsentation ausgearbeitet werden

- Kleine Projekte können mit vier Managementprodukten gesteuert werden: Projektleitdokumentation (inklusive Projektbeschreibung), Projektstatusbericht, Projekttagebuch (inklusive der Dokumentation von Risiken und offenen Punkten) und dem Projektabschlussbericht (inklusive der Dokumentation der Erfahrungen)
- Wenn das Projekt nur eine Lieferphase besitzt, ist ein Phasenplan und ein Phasenabschlussbericht nicht notwendig
- Wenn kein(e) Teammanager am Projekt beteiligt ist (sind), können Arbeitspakete und Teamstatusbericht überflüssig sein
- Ein Register der offenen Punkte oder ein Projekttagebuch mit allen offenen Punkten kann sinnvoller sein als ein Offener-Punkt-Bericht für jeden offenen Punkt

21.6 Kommerzielles Kunden-Lieferanten-Umfeld

Besteht in einem Projekt eine kommerzielle Beziehung zwischen dem Kunden und dem Lieferanten gibt es zumindest zwei Motivationen für das Projekt: Eine des Kunden und eine des Lieferanten. Aber es wird auch zwei Managementsysteme, Governance-Regeln und Unternehmenskulturen geben.

Kunde und Lieferanten haben jeweils einen eigenen Business Case. Sollte einer der beiden Planungsgrundlagen nicht mehr gültig sein, wird das Projekt in Schwierigkeiten kommen oder sogar fehlschlagen, auch wenn der Business Case der anderen Partei noch immer gültig ist. Meist kennen die beiden Parteien den Business Case der Gegenseite nicht.

Die Ernennung des Lieferantenvertreters (Senior Supplier) ist eine Schlüsselentscheidung in den Geschäftsbeziehungen zwischen Kunde und Lieferant. Sollte der Lieferant diese Rolle selbst einnehmen, oder sollte von Seiten des Kunden ein Vertragsmanager zur Lieferantensteuerung eingesetzt werden? Was ist zu empfehlen, wenn mehr als ein Lieferant am Projekt beteiligt ist? Ist es zum Beispiel ab vier Lieferanten sinnvoll, einen Hauptverantwortlichen, eine Art Generalunternehmer, einzusetzen? Wenn zu dem Projekt eine Einkaufsphase gehört, könnte ein entscheidungsberechtigter Mitarbeiter des Einkaufs die Rolle des Lieferantenvertreters besetzen und diese ausfüllen, bis der Lieferant ausgewählt wird?

Der Projektmanager wird in den meisten Fällen vom Kunden gestellt. Dagegen fällt dem Lieferanten die Rolle des Teammanagers zu. Sollte das Projekt von einem Lieferanten gesteuert werden, kann der Projektmanager ebenfalls von der Lieferantenorganisation kommen. Wer wäre in solch einer Konstellation der Benutzervertreter (Senior User)? Eine Möglichkeit wäre, den Account Manager zu benennen, denn er trifft Entscheidungen im Namen des Kunden.

Für die Durchführung des Projekts muss die Vorgehensweise definiert werden: Wird die Strategie des Kunde, des Lieferanten oder eine Kombination von beiden benutzt?

Wird ein Projekt Phase für Phase abgewickelt, ist eine Möglichkeit für die vertragliche Gestaltung die Zahlung pro Phase. Dabei muss der Teamplan nicht dem Kunden gegenüber bekannt gemacht werden. Ein gut aufgesetzter Lieferantenreport, der nach PRINCE2 dem Teamstatusbericht (Checkpoint Report) entspricht, gibt dem Projektmanager aber die Möglichkeit Überprüfungen durchzuführen und Kontrolle auszuüben.

Das Risikoregister des Kunden und Lieferanten können jeweils so geführt werden, dass sie für die andere Seite nicht sichtbar sind. Sollte es auch ein gemeinsames Risikoregister geben, ist der jeweilige Risikoeigentümer mit viel Bedacht auszuwählen.

Das Änderungssteuerungsverfahren (Change Control Procedure) muss sowohl zu den Kundenprozessen als auch zu den Änderungs- und Freigabeverfahren des Lieferanten passen. Das Reporting über den Projekt- oder Phasenfortschritt muss mit den Governance-Anforderungen der Organisationen übereinstimmen.

Für den Lieferanten ergibt sich eine Anpassung wie folgt: 'Vorbereiten eine Projekts' wird in der Bieterphase stattfinden, also mit dem Entschluss, die Ausschreibung des Kunden zu beantworten, und bevor der Vertrag mit dem Kunden unterschrieben ist. Die Phase 'Initiieren eines Projekts' endet mit der Unterzeichnung des Vertrags durch beide Seiten und der Freigabe durch den Lenkungsausschuss.

Die Projektleitdokumentation muss sich an den vertraglichen Verpflichtungen orientieren. Für externe Lieferanten kann ein Arbeitspaket als Vertrag oder Leistungsschein als Anlage zum Vertrag aufgesetzt und durchgeführt werden.

21.7 Organisationsübergreifende Projekte

Es gibt viele Projekte, in denen mehr als zwei Organisationen mitarbeiten. Beispiele hierfür sind Verbundprojekte (Joint Ventures), interdisziplinäre Forschungsprojekte oder bereichsübergreifende Projekte. Die Empfehlung für die Anpassung von PRINCE2 für diese Art von Projekten ist ähnlich wie bei kommerziellen Projekten zwischen Kunden und Lieferanten. Tendenziell wird der Begriff Vertrag durch eine Vereinbarung ersetzt. Es ist darauf zu achten, dass der Lenkungsausschuss nicht zu groß und damit ungeeignet wird Entscheidungen zu treffen.

21.8 Projektart

Für das Anpassen von PRINCE2 ist nicht nur die Größe des Projekts oder die Art der Beziehungen zwischen den Projektparteien wichtig. Der Typ des Projekts beeinflusst ebenfalls die Anwendung von PRINCE2.

21.8.1 Lebenszyklusmodelle

Es gibt weitere Methoden, die sich auf die Lieferung von Spezialistenprodukten konzentrieren, etwa die Wasserfallmethode oder agile Methoden (zum Beispiel Dynamic Systems Development Method, DSDM Atern). PRINCE2 lässt sich gut mit derartigen Methoden kombinieren, da diese in erster Linie auf die Aktivitäten für die Erstellung und Verifizierung der Spezialistenprodukte des Projekts gerichtet sind, also auf die Elemente von Projekten, auf die PRINCE2 bewusst nicht eingeht. Die Anpassung von PRINCE2 an Lebenszyklusmodelle erfordert grundsätzlich:

- Das Abstimmen der Managementphasen auf den Lebenszyklus der Entwicklung (zum Beispiel: Entwurf, Konstruktion, Test, Einführung)
- Agile und iterative Modelle legen eine enge Toleranz für Zeit und Qualität fest, lassen aber weite Toleranzen für den Umfang zu
- Die Integration von Spezialisten in das Projektmanagementteam. Oft steht die Frage im Mittelpunkt, welchen Funktion diese Personen ausüben. Wichtig für das Projekt ist aber festzulegen, welche Verantwortlichkeiten die Personen haben werden und diese klar zu beschreiben und zu kommunizieren
- Wie PRINCE2 besitzen auch Lebenszyklusmodelle eigene Managementprodukte. Für die Anpassung von PRINCE2 an Lebenszyklusmodelle ist es wichtig zu entscheiden, welche Managementprodukte benutzt werden und weder Lücken noch Dubletten zuzulassen

21.8.2 Das wachsende Projekt

Einige Projekte beginnen nicht mit vordefinierten Spezifikationen. Vielmehr entwickeln sich die Projektziele mit dem Projekt selbst oder einige ursprünglich geplante Projektziele werden während der Projektlaufzeit in Frage gestellt und durch andere ersetzt.
Diese Art von Projekten kann nicht mit einem vordefinierten Business Case beginnen. Aus der Perspektive von PRINCE2 wird der Business Case als bestmögliche und vereinbarte Prognose zu einem bestimmten Zeitpunkt gesehen. Dabei wird davon ausgegangen, dass der Business Case sich entwickelt und während des gesamten Lebenszyklus beträchtlich von der ersten Version abweichen kann.

21.8.3 Das Machbarkeitsprojekt

Ein Machbarkeitsprojekt bzw. eine Machbarkeitsstudie zur Analyse der aktuellen Situation, zur Begutachtung von Handlungsalternativen und letztlich zu Festlegungen einer favorisierten Alternative kann als ein eigenes Projekt aufgefasst werden, da es einen eigenen Business Case und Projektplan sowie Risiken besitzt (siehe Abbildung 21.3).

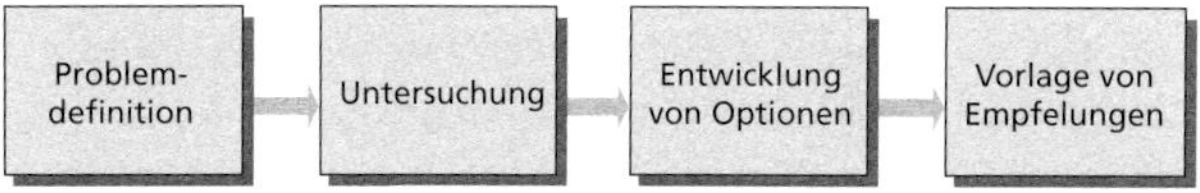

Abb. 21.3 Beispiel des Lebenszyklus einer Machbarkeitstudie (Quelle: Erfolgreiche Projekte Managen mit PRINCE2™, OGC)

Am Ende einer Machbarkeitsstudie sollte eine klare Empfehlung ausgesprochen werden. Diese Empfehlung ist das Projektendprodukt der Machbarkeitsstudie. Nach der Machbarkeitsstudie sollte entschieden werden, ob das Projekt durchgeführt wird oder nicht. Projekte zur Erstellung von Richtlinien liefern ähnlich wie Machbarkeitsprojekte einen Output ohne direkten Nutzen. Erst die anschließende Implementierung der Richtlinie, als eigenes Projekt, schafft Nutzen.

21.9 Unterschiede zwischen privatem und öffentlichem Sektor

Natürlich gibt es Unterschiede und Gemeinsamkeiten bei der Durchführung von Projekten im privaten und öffentlichen Sektor. Ein Business Case ist für beide Projektarten notwendig. Speziell im öffentlichen Sektor Großbritanniens ist die Anpassung von PRINCE2 aus zwei Gründen notwendig:

1. *Es gibt einen Senior Responsible Owner (SRO): D*er Senior Responsible Owner ist eine Funktion, die in Großbritanniens Regierung verstärkt eingesetzt wird. Der SRO verantwortet die Umsetzung der Ziele eines Projekts oder Programms. Er ist verantwortlich, dass der erwartete Nutzen erreicht wird. Der Auftraggeber eines Projekts berichtet an den SRO. Der SRO wird aus dem Programm heraus ernannt. Sollte ein SRO für ein einzelnes Projekt ernannt worden sein, nimmt er die Rolle des Auftraggebers ein bzw. ernennt diesen.
2. *Das Projekt ist Gegenstand eines OGC Gateway Review:* Ein OGC Gateway Review hat sich als "Best Practice" im öffentlichen Sektor Großbritanniens bewährt. Es untersucht Projekte an wichtigen Entscheidungspunkten innerhalb ihres Lebenszyklus. Das OGC Gateway Review beschreibt ein sogenanntes "Peer Review", bei dem unabhängig Fachleute von außerhalb des Projekts mit ihren Erfahrungen und Kenntnissen den Fortschritt und die Wahrscheinlichkeit einer erfolgreichen Leistungserbringung durch das Projekt untersuchen. PRINCE2 kann wie folgt mit dem OGC Gateway Review in Abstimmung gebracht werden:

   - Der Prozessschritt aus dem Prozess 'Lenken eines Projekts', der zur 'Initiierung eines Projekts' führt, kann mit dem Review 1: geschäftliche Rechtfertigung gleichgesetzt werden

- Die Prozessschritt aus dem Prozess 'Lenken eines Projekts', der zur Freigabe eines Phasen- oder Ausnahmeplans führt, können mit den Reviews 2, 3 und 4 gleichgesetzt werden. Diese umfassen: Lieferstrategie, Investitionsentscheidungen und Produkte fertig zur Implementierung

21.10 Bodies of Knowledge

Ein Body of Knowledge (BoK) stellt das gesammelte Wissen zu einem bestimmten Bereich dar.
Zwischen einem gesammelten Wissen (Body of Knowledge BoK) und PRINCE2 bestehen diverse Unterschiede (siehe Tabelle 21.4). Beispiele für Bodies of Knowledge sind:

- Kompetenzbaseline (Competency Baseline(s)) der IPMA;
- Projektmanagement BoK (PMBOK) des PMI;
- Body of Knowledge (APMBOK) der APM.

PRINCE2 und die Bodies of Knowledge ergänzen einander.

PRINCE2 gibt vor *was* zu tun ist, *wann* und durch *wen*. Die Bodies of Knowledge geben in erster Linie Auskunft bezüglich der Techniken, also *wie* etwas gemacht werden kann.

Wenn Organisationen bereits mit einem bestimmten BOK arbeiten, ist bei der Anpassung von PRINCE2 darauf zu achten, dass eine einheitliche Terminologie und eine eindeutige Zuordnung der Managementprodukte definiert wird.

PRINCE2	Body of Knowledge
Eine Projektmanagementmethode	Eine umfangreiche Sammlung von "Good Practice" für das Projektmanagement
Verbindlich	Nicht verbindlich
Integrierte Prozesse und Themen	Jeder Themenbereich kann isoliert von den anderen verwendet werden
Deckt alle Rollen in einem Projektmanagementteam ab	Konkret auf Projektmanager gerichtet
Geht nicht auf persönliche Fertigkeiten ein	Geht auf persönliche Fertigkeiten ein
Verweist auf Techniken	Beschreibt Techniken

Tabelle 21.4 Vergleich zwischen PRINCE2 und dem Body of Knowledge

Anhang A
Vorlagen für Produktbeschreibungen von Managementprodukten

A.1 Arbeitspaket (Work Package)

Ein Arbeitspaket enthält die Summe der Informationen, die der Projektmanager zu einem oder mehreren benötigten Produkten zusammengestellt hat. Mit der Zuweisung an den Teammanager und der Annahme des Arbeitspakets durch diesen geht die Verantwortlichkeit auf den Teammanager bzw. die Teammitglieder über.

Zusammensetzung

Die Zusammensetzung kann von Projekt zu Projekt abweichen, sollte aber generell Folgendes enthalten:

- Datum der Akzeptanz
- Name des Teammanagers bzw. der beauftragten Person
- Arbeitspaketbeschreibung
- Techniken, Prozesse und Verfahren
- Schnittstellen bei der Erstellung (Kommunikation zu Personen)
- Betriebs- und Wartungsschnittstellen (Spezialistenprodukte, mit denen das Produkt während des Betriebs oder der Wartung interagiert)
- Anforderungen des Konfigurationsmanagements
- Vereinbarungen über Details zu Arbeitsaufwand, Kosten, Zeit, Meilensteinen
- Toleranzen in Bezug auf Kosten, Zeit, Umfang und Risiko
- Randbedienungen und Einschränkungen

- Inhalte und Intervalle der Teamstatusberichte
- Problembehandlung und Eskalation
- Verweise zu zugehörigen Dokumenten wie dem Phasenplan und der Produktbeschreibung
- Abnahmemethode

A.2 Ausnahmebericht (Exception Report)

Ein Ausnahmebericht wird vom Projektmanager erstellt, wenn der Phasen- oder Projektplan voraussichtlich die Toleranzgrenze überschreiten wird oder wenn die Toleranz bereits verletzt wurde.

Zusammensetzung

- Beschreibung der Ausnahme
- Ursache der Ausnahme
- Konsequenzen der Ausnahme für Phase, Projekt, Programm oder Unternehmen, wenn die Abweichung nicht behandelt wird
- Optionen zur Behandlung der Ausnahme und Auswirkung der Option auf Business Case, Risiken und Toleranzen
- Empfehlung für eine der Optionen und Begründung der Wahl
- Erfahrungen: welche Lehren können für dieses oder folgende Projekte aus dieser Ausnahme gezogen werden

Für dringende Ausnahmen wird ein mündlicher Ausnahmebericht empfohlen. Dieser kann später in der beschlossenen Form schriftlich nachgereicht werden.

A.3 Business Case (Business Case)

Der Business Case dokumentiert die Rechtfertigung das Projekt in Relation zu Nutzen und Kosten durchzuführen.

Zusammensetzung

- Managementzusammenfassung des Vorhabens, inklusive Nutzen und Ertrag (Return on Investment)
- Gründe
- Optionen, inklusive Nulloption (Do Nothing Option)
- Erwarteter Nutzen und Nutzentoleranz
- Erwarteter negative Nebeneffekte
- Zeitrahmen
- Kosten
- Investitionsrechnung
- Hauptrisiken

A.4 Erfahrungsbericht (Lessons Report)

Mit dem Erfahrungsbericht werden Erfahrungen an andere Projekte weitergegeben. Er ist Teil des Phasenabschlussberichts (siehe Anlage A.11) und des Projektabschlussberichts (siehe Anlage A.16). Die Erfahrungen können und sollen genutzt werden, um Standards und zukünftige Planungen zu verbessern.

Zusammensetzung

- Zusammenfassung
- Umfang des Berichts (Phase oder Projekt)
- Erläuterung, was erfolgreich war, was schlecht lief und was dem Unternehmens- bzw. Programmmanagement empfohlen wird:
  - Projektmanagementmethode
  - Spezialistenmethoden
  - Projektstrategien
  - Projektsteuerungsmittel
  - Ungewöhnliche Ereignisse, die zu Toleranzabweichungen geführt haben

- Überblick über aufschlussreiche Messungen und Ergebnisse:
  - Aufwand für die Erstellung der verschiedenen Produkte
  - Effektivität der Qualitätsmanagementstrategie
  - Statistiken der offenen Punkte und Risiken
- Bei wichtigen Erfahrungen können zusätzliche Details eingetragen werden (Ereignis, Auswirkung, Ursache und Auslöser, Frühwarnindikatoren, Empfehlungen und ob das Ereignis zuvor als Risiko bekannt war)

A.5 Erfahrungsprotokoll (Lessons Log)

Das Erfahrungsprotokoll sammelt gute und schlechte Erfahrungen, die für dieses oder für zukünftige Projekte von Nutzen sein können. Einige Erfahrungen stammen aus anderen Projekten, andere ergeben sich aus dem zugehörigen Projekt.

Zusammensetzung

- Art der Erfahrung (anwendbar in diesem Projekt, im Unternehmen oder im Programm)
- Erfahrungsdetails (Ereignis, Auswirkung, Ursache und Auslöser, Frühwarnindikatoren, Empfehlungen, ob das Ereignis zuvor als Risiko bekannt war)
- Datum der Erstellung
- Name der protokollierenden Person
- Priorität

A.6 Kommunikationsmanagementstrategie (Communication Management Strategy)

Die Kommunikationsmanagementstrategie beschreibt die Wege, Abläufe und Häufigkeit des Informationsaustauschs mit Parteien innerhalb und außerhalb des Projekts. Sie ermöglicht die Einbeziehung von Stakeholdern in einem kontrollierten und beiderseitigen Kommunikationsfluss.

Zusammensetzung

- Einführung
- Kommunikationsverfahren
- Techniken und Methoden
- Regeln der Dokumentationen
- Regeln der Berichterstattung
- Zeitplanung
- Rollen und Verantwortlichkeiten
- Stakeholderanalyse:
  - Identifikation der Parteien
  - Derzeitige Beziehungen der Stakeholder
  - Angestrebte Beziehungen der Stakeholder
  - Schnittstellen
  - Wichtige Informationen
- Informationsbedarf aller beteiligter Parteien:
  - Informationen vom Projekt
  - Informationen für das Projekt
  - Informationsquelle
  - Informationsempfänger
  - Kommunikationsintervalle
  - Kommunikationswege
  - Kommunikationsformate

A.7 Konfigurationsdatensatz (Configuration Item Record)

Der Konfigurationsdatensatz stellt Datensätze zur Verfügung, die Status, Version, Varianten und Beziehungen der Konfigurationselemente beschreiben.
Der vorzuhaltende Satz an Informationen ist in der Kommunikationsmanagementstrategie festgelegt (siehe Anlage A6). Die Gesamtheit der Konfigurationsdatensätze wird als Konfigurationsbibliothek bezeichnet (Configuration Library).

Zusammensetzung

- Projektkennziffer
- Kennziffer des Konfigurationselementes
- Aktuelle Version
- Titel, Name des Konfigurationselemente
- Datum der letzten Statusänderung
- Eigentümer
- Standort (Ablage)
- Empfänger und Benutzer von Kopien
- Typ (Komponente, Produkt, Release)
- Attribute des Konfigurationselementes
- Managementphase der Entwicklung und Fertigstellung
- Benutzer
- Status
- Produktzustand
- Variante
- Ersteller (Herstellung oder Beschaffung)
- Datum der Zuweisung zum Ersteller
- Quelle (zum Beispiel intern oder extern)
- Beziehungen zu anderen Produkten
- Querverweise

A.8 Konfigurationsmanagementstrategie (Configuration Management Strategy)

Die Konfigurationsmanagementstrategie legt fest wie, wann und durch wen die Produkte kontrolliert und geschützt werden.

Zusammensetzung

- Einführung
- Verfahren für das Konfigurationsmanagement (Planung, Identifizieren, Steuern, Statuskontrolle, Verifizieren, Audit)
- Prozesse zur Steuerung der offenen Punkte und Änderungen: Erfassen, Untersuchen, Bewerten, Maßnahmen vorschlagen und auswählen, Änderungen umsetzen
- Techniken und Methoden
- Dokumentation: Festlegen des Inhalts des Registers der offenen Punkte (Anlage A.23) und der Konfigurationsdatensätze (siehe Anlage A7)
- Berichterstattung: Festlegen des Inhalts des Registers offener Punkte (siehe Anhang A.23) und Produktstatusauskunft (siehe Anlage A15)
- Zeitplanung für Aktivitäten des Konfigurationsmanagements und der Steuerung der offenen Punkte sowie der Änderungen
- Rollen und Verantwortlichkeiten
- Bewertungsskala für Priorität von Änderungen und Spezifikationsabweichungen
- Bewertungsskala für den Schweregrad, um festzulegen, welche Managementebene über offene Punkte welcher Dringlichkeit entscheiden kann

A.9 Nutzenrevisionsplan (Benefits Review Plan)

Ein Nutzenrevisionsplan definiert, wie und wann der erzielte Projektnutzen gegenüber dem erwarteten aus Sicht des Benutzervertreters überprüft werden kann.

Zusammensetzung

- Welche Nutzen müssen betrachtet werden?
- Wer ist verantwortlich für den erwarteten Nutzen?
- Wie und wann kann der Nutzen gemessen werden?
- Welche Ressourcen sind notwendig?
- Welche Nutzen benötigten eine Baseline (Vergleichswerte)?
- Wie wird die Leistung des Projektendprodukts gemessen?

A.10 Offener-Punkt-Bericht (Issue Report)

Ein Offener-Punkt-Bericht umfasst die Beschreibung, Auswirkungsanalyse und Empfehlungen zur Behandlung eines formell behandelten offenen Punkts (Änderungsantrag, Spezifikationsabweichung, Problem, Bedenken, Anliegen).

Zusammensetzung

- Kennziffer des offenen Punkts wie im Register des offenen Punkts enthalten (siehe Anlage A.23)
- Typ des offenen Punkts (Änderungsantrag, Spezifikationsabweichung, Problem, Bedenken, Anliegen)
- Datum des Eintrags, an dem der offene Punk gemeldet wurde
- Name der Person die den offenen Punk gemeldet hat
- Name des Autors des Offener-Punkt-Bericht
- Beschreibung des offenen Punkts inklusive der Ursache und Auswirkung

- Auswirkungsanalyse
- Empfehlung
- Priorität (sollte nach Auswirkungsanalyse erneut bewertet und wenn notwendig geändert werden)
- Dringlichkeit (Welche Managementebene muss über den offenen Punkt entscheiden?)
- Entscheidung
- Genehmigung (Name des Entscheidungsträgers)
- Datum der Entscheidung
- Datum des Abschlusses der Bearbeitung

A.11 Phasenabschlussbericht (End Stage Report)

Ein Phasenabschlussbericht liefert eine Zusammenfassung der erzielten Fortschritte, einen Überblick über den Projektstatus und eine ausreichende Information für den Lenkungsausschuss, damit dieser über die nächsten Projektschritte entscheiden kann.

Zusammensetzung

- Bericht des Projektmanagers über die Fortschritte der Phase
- Bewertung des Business Case
- Bewertung der Projekt- und Phasenziele
- Bewertung der Leistung des Teams
- Bewertung der Produkte:
  - Qualitätsdokumentation
  - Produktabnahmedokumentation
  - Spezifikationsabweichungen
  - Gegebenenfalls Übergabe der (Teil)-Produkte
  - Gegebenenfalls Empfehlungen für Folgeaktionen
- Erfahrungsbericht (siehe Anlage A.4)

- Zusammenfassung der offenen Punkte und Risiken
- Prognose für Projekt und nächste Phase bezüglich Zielen und Toleranzen für Zeit, Kosten, Qualität, Umfang, Nutzen und Risiken

Für den Phasenabschlussbericht der Initiierungsphase sind nicht alle Informationen angebracht und notwendig.

A.12 Plan (Plan)

Ein Plan beschreibt, wie und wann die Ziele eines Projekts realisiert werden sollen. Er führt die wesentlichen Produkte, Aktivitäten und Ressourcen auf (siehe Kapitel 9.2)

Zusammensetzung

- Planbeschreibung (kurze Beschreibung des Planungsgegenstands und des Planungsansatzes)
- Planungsvoraussetzungen (Randbedingungen die erfüllt sein müssen, bevor die Umsetzung des Plans begonnen werden kann)
- Externe Abhängigkeiten
- Planungsannahmen
- Einbezogene Erfahrungen
- Überwachung und Steuerung
- Budgetplanung für Zeit und Kosten unter Beachtung von Risiken und Änderungen
- Toleranzen in Umfang, Zeit und Kosten
- Produktbeschreibung inklusive Qualitätstoleranzen (siehe Anhang A.13)
- Zeitplanung mit Visualisierung als
  - Gantt-Chart oder Balkendiagramm
  - Produktstrukturplan oder Produktflussdiagramm (siehe Anhang C)
  - Aktivitäten Netzplan
  - Aufstellung der angeforderten oder zugewiesenen (personellen) Ressourcen

A.13 Produktbeschreibung (Product Description)

Die Produktbeschreibung kann benutzt werden, um das Verständnis aller Eigenschaften des Produkts zu unterstützen und benennt den Nutzer des Produktes. Für ein Beispiel einer produktbasierten Planung siehe Anhang C.

Zusammensetzung

- Kennzeichnung (eindeutiger Schlüssel)
- Name des Produkts als Titel der Produktbeschreibung
- Zweck den das Produkt besitzen wird
- Zusammensetzung des Produkts (zum Beispiel Teile oder Kapitel)
- Herkunft der Produkte (Ausgangsprodukte)
- Darstellung, Form, weitere Eigenschaften
- notwendige Kenntnisse und Fähigkeiten der Projektmitarbeiter
- Qualitätskriterien und Hinweise auf benutzte Standards und Spezifikationen
- Qualitätstoleranzen (Bereich der Qualitätskriterien, in dem die Produkte abgenommen werden)
- Qualitätsprüfmethode
- Notwendige Kenntnisse des Qualitätsprüfers
- Qualitätsverantwortlichkeiten (Ersteller, Prüfer, Abnahmeberechtigter)

A.14 Produktbeschreibung des Projektendprodukts (Project Product Description)

Die Produktbeschreibung des Projektendprodukts ist eine spezielle und erweiterte Form der Produktbeschreibung, denn sie beschreibt mit dem Projektendprodukt letztlich das Ziel des Projekts und welche Bedingungen erfüllt sein müssen, damit das Projekt abgenommen wird.

Die Produktbeschreibung des Projektendprodukts wird während des Prozesses 'Vorbereiten eines Projekts' erstellt und in der Initiierungsphase verfeinert. Die Produktbeschreibung des Projektendprodukts unterliegt der Änderungssteuerung. Am Ende des Projekts wird überprüft, ob das Projekt das geplante Projektendprodukt geliefert hat.

Zusammensetzung

- Titel, Name des Projekts
- Zweck des Projektendprodukts und wer es benutzen wird
- Zusammensetzung des Projektendprodukts
- Herkunft bzw. Ableitung, aus welchen Ausgangsprodukten leitet sich das Projektendprodukt ab (bereits bestehende Produkte, Entwürfe, (Machbarkeits-)Studien)
- Notwendige Kenntnisse und Fähigkeiten der Projektmitglieder
- Kundenqualitätserwartungen, sowie Standards und Prozesse, die eingesetzt werden müssen, um die Qualität zu erreichen
- Projektabnahmekriterien, eine priorisierte Liste von Kriterien, die das Projektendprodukt erfüllen muss, damit es vom Kunden abgenommen wird
- Qualitätstoleranzen auf Projektebene
- Methode der Projektabnahme: die Art und Weise, wie die Projektabnahme bestätigt wird
- Verantwortlichkeiten für die Projektabnahme

A.15 Produktstatusauskunft (Product Status Account)

Die Produktstatusauskunft informiert über den Status der Produkte in einem Projekt bzw. einer Phase oder in Bezug auf andere Parameter (zum Beispiel eine technische Phase, etc.).

Zusammensetzung

- Umfang der Auskunft (zum Beispiel Projekt, Phase, technische Phase, Produktart, Lieferant, etc.)
- Erstellungsdatum der Produktstatusauskunft
- Auskunft zum Status jeden einzelnes Produkts kann folgende Parameter umfassen:
  - Produktname und Kennziffer
  - Version
  - Status und Datum der Statusänderung
  - Produktzustand
  - Eigentümer
  - Empfänger und Benutzer von Kopien
  - Ablage bzw. Lagerort
  - Benutzer
  - Ersteller und Datum der Ernennung zum Ersteller
  - Geplantes Baseline-Datum der Produktbeschreibung
  - Tatsächliches Baseline-Datum der Produktbeschreibung
  - Geplantes nächstes Baseline-Datum
  - Liste der zugehörigen Konfigurationselemente
  - Liste der zugehörigen offenen Punkte und Risiken

A.16 Projektabschlussbericht (End Project Report)

Im Projektabschlussbericht werden die erzielten Ergebnisse mit den Vorgaben in der zu Anfang des Projekts freigegebenen Version der Projektleitdokumentation verglichen und dokumentiert. Er gibt folgende Information an die Gruppe weiter, die zukünftig für die Ergebnisse bzw. Produkte verantwortlich sein wird: sinnvolle Erfahrungen, Informationen zu nicht fertiggestellten Arbeiten, weiterführende Risiken, sich abzeichnende (mögliche oder notwendige) Änderungen an den Produkten.

Zusammensetzung

- Bericht des Projektmanagers über den Erfolg des Projekts
- Bewertung des Business Case
- Bewertung der Projektziele
- Bewertung der Leistung des Teams
- Bewertung der Produkte
  - Qualitätsdokumentation
  - Produktabnahmedokumentation
  - Spezifikationsabweichungen
  - Übergabe des Projektendprodukts
  - Zusammenstellung aller Empfehlungen und Zusammenstellungen
- Erfahrungsbericht (siehe Anlage A.4)

A.17 Projektbeschreibung (Project Brief)

Die Projektbeschreibung liefert die Grundlage für die Initiierung des Projekts.

Zusammensetzung

- Projektdefinition mit folgenden Punkten:
  - Hintergrund
  - Projektziele (bezogen auf Zeit- und Kostenaufwand, Qualität, Umfang, Risiko, Nutzen)
  - Angestrebte Ergebnisse
  - Projektumfang und Ausschlüsse
  - Einschränkungen und Annahmen
  - Projekttoleranzen
  - Benutzer und sonstige bekannte Interessensgruppen
  - Schnittstellen
- Entwurf des Business Case mit Gründen, warum das Projekt benötigt wird und die Entscheidung für die gewählte Option gefallen ist
- Produktbeschreibung des Projektendprodukts (siehe Anhang A.14)

- Projektlösungsansatz (Definition der Art und Weise, wie das Projekt die im Business Case ausgewählte Option liefert)
- Struktur des Projektmanagementteams
- Rollenbeschreibungen für das Projektmanagementteam
- Verweise auf geltende Dokumente oder andere Projekte, Produkte etc.

A.18 Projektleitdokumentation (Project Initiation Documentation)

Die Projektleitdokumentation (PID) beschreibt das Projekt und bietet damit eine Grundlage zur Steuerung und Bewertung des Projekts. Die Projektleitdokumentation stellt eine Vereinbarung zwischen Projektmanager und Lenkungsausschuss bezüglich des Projekts her. Darüber hinaus erfüllt das PID drei Aufgaben. (1) Die Absicherung des Projekts durch eine solide Ausgangsbasis. Diese wird geschaffen, bevor der Lenkungsausschuss aufgefordert wird, (finanzielle) Verpflichtungen bezüglich des Projekts einzugehen. (2) Das PID enthält grundlegende Dokumente, anhand derer der Lenkungsausschuss und der Projektmanager die Fortschritte, offenen Punkte und die Gültigkeit des Business Case während der Projektphase bewerten können. (3) Informationsquelle für alle am Projekt Beteiligten.

Die Bestandteile des PID sollten regelmäßig aktualisiert und eingefroren (baseline) werden. Die im Projekt erzielten Erfolge werden im Vergleich mit der Version des PID ermittelt, die zur Freigabe des Projekts benutzt wurde.

Zusammensetzung

- Projektdefinition
  - Hintergrund
  - gewünschte Ziele und Ergebnisse
  - Projektumfang und Ausschlüsse

  - Einschränkungen, Randbedingungen und Ausnahmen
  - Benutzer und alle anderen bekannte Interessengruppen
  - Schnittstellen
- Projektlösungsansatz
- Business Case (siehe Anhang A.3)
- Projektmanagementteamstruktur
- Rollenbeschreibung für die Mitglieder des Teams und weiterer Ressourcen
- Qualitätsmanagementstrategie (siehe Anhang A.21)
- Konfigurationsmanagementstrategie (siehe Anhang A.6)
- Risiko-Managementstrategie (siehe Anhang A.24)
- Kommunikationsmanagementstrategie (siehe Anhang A.6)
- Projektplan (siehe Anhang A.12)
- Projektsteuerungsmittel (siehe Anhang A.3)
- Erläuterung zur Anpassung von PRINCE2 an das jeweilige Projekt

A.19 Projektstatusbericht (Highlight Report)

Ein Projektstatusbericht wird vom Projektmanager erstellt und informiert den Lenkungsausschuss und andere Stakeholder in definierten Intervallen über den Stand des Projekts und die erzielten Fortschritte.

Zusammensetzung

- Datum
- Berichtszeitraum
- Zusammenfassung des aktuellen Status der Phase
- Aktueller Berichtszeitraum
  - Status der Arbeitspakete
  - abgeschlossene Produkte
  - geplante Produkte, die noch nicht begonnen oder abgeschlossen worden sind

  - durchgeführte Korrekturmaßnahmen
- Nächster Berichtszeitraum
  - Arbeitspakete, die zu genehmigen, auszuführen oder abzuschließen sind
  - zu entwickelnde Produkte
  - durchzuführende Korrekturmaßnahmen
- Status der Toleranzen des Projekts und der Phase
- Bericht über alle vorgelegten, genehmigten, abgelehnten und ausstehenden Änderungsanträge
- Wichtige Risiken und offene Punkte
- Gegebenenfalls Erfahrungsbericht (siehe Anlage A.4)

A.20 Projekttagebuch (Daily Log)

Ein Projekttagebuch dient der Aufzeichnung von formlos gehandhabten offenen Punkten, erforderlichen Maßnahmen oder wichtigen Ereignissen, die in keinem anderen PRINCE2-Register oder Protokoll erfasst werden. Es wird vom Projektmanager geführt. Weiterhin wird es in der Phase 'Vorbereiten eines Projekts' (in der noch keine Register und Protokolle angelegt worden sind) als vorläufiges Verzeichnis für offene Punkte und Risiken genutzt.

Zusammensetzung

- Datum des Eintrags
- Problem, Anliegen, Maßnahme, Ergebnis oder Kommentar
- Zuständige Person
- Zieltermin
- Ergebnisse

A.21 Qualitätsmanagementstrategie (Quality Management Strategy)

Die Qualitätsmanagementstrategie legt die zu verwendenden Qualitätstechniken und -standards fest und definiert die Zuständigkeiten in Bezug auf Qualität.

Zusammensetzung

- Einführung inklusive Zweck, Ziele und Umfang
- Qualitätsmanagementverfahren
  - Qualitätsplanung
  - Qualitätskontrolle (Standards, Vorlagen, Methoden, Messsysteme)
  - Qualitätssicherung (Verantwortlichkeit des Lenkungsausschusses, Audits zu Überprüfung der Konformität und Überprüfungen durch das Unternehmens- bzw. Programmmanagement)
- Tools und Techniken
- Dokumentation (zum Beispiel Format und Ablage des Qualitätsregisters, siehe Anhang A.22)
- Berichterstattung (welche Berichte, zu welchem Zweck, in welchen Zeitabständen, für wen)
- Zeitplanung der Qualitätsmanagementaktivitäten
- Rollen und Verantwortlichkeiten

A.22 Qualitätsregister (Quality Register)

Im Qualitätsregister werden alle geplanten und durchgeführten Qualitätsmanagementaktivitäten dokumentiert. Diese Informationen werden für den Phasenabschlussbericht und Projektabschlussbericht benutzt.

Zusammensetzung

Jeder Eintrag im Qualitätsregister sollte folgende Informationen enthalten:

- Qualitätskontrollnummer
- Produktkennnummer(n)
- Produkttitel
- Qualitätsprüfmethode
- Rollen und Verantwortlichkeiten
- Termine für Qualitätsaktivitäten und Abnahmen (geplante, voraussichtliche und Ist-Termine)
- Ergebnisse der Qualitätsaktivitäten
- Verweise der Qualitätsdokumentationen

A.23 Register offener Punkte (Issue Register)

Im Register der offenen Punkte werden alle formell zu bearbeitenden offenen Punkte erfasst und gepflegt. Der Projektmanager sollte dieses Register regelmäßig überprüfen.

Zusammensetzung

- Kennziffer des offenen Punkts
- Typ des offenen Punkts (Änderungsantrag, Spezifikationsabweichung, Problem, Bedenken, Anliegen)
- Datum des Eintrags, an dem der offene Punk gemeldet wurde
- Name der Person, von der der offene Punk gemeldet wurde
- Name der Person, die den zum offenen Punkt zugehörigen Offener-Punkt-Bericht verfasst hat (siehe Anlage A.10)
- Beschreibung des offenen Punkts inklusive der Ursache und Auswirkung
- Priorität (sollte nach Auswirkungsanalyse erneut bewertet und wenn notwendig angepasst werden)
- Dringlichkeit (welche Managementebene muss über den Offenen Punk entscheiden)

- Status und Datum des letzten Eintrags
- Datum des Abschlusses der Bearbeitung

A.24 Risiko-Managementstrategie (Risk Management Strategy)

Die Risiko-Managementstrategie beschreibt die verwendeten Risiko-Managementtechniken und ihre Verwendung innerhalb des Projektmanagements.

Zusammensetzung

- Einführung inklusive Zweck, Ziele, Umfang und Verantwortlichkeiten
- Risiko-Managementverfahren, Auflistung der Verfahren, die folgende Aktivitäten umfassen: Identifikation, Bewertung, Planung, Implementierung und Berichtswesen, Abweichungen zu Verfahren des Unternehmens- bzw. Programmmanagements sollen dargestellt und begründet werden
- Tools und Techniken
- Dokumentation (Format und Zusammensetzung)
- Berichterstattung (welche Berichte, zu welchem Zweck, in welchen Zeitabständen, für wen)
- Zeitplanung der Risiko-Managementaktivitäten
- Rollen und Verantwortlichkeiten
- Bewertungsskalen für Wahrscheinlichkeit und Auswirkungen
- zeitliche Eintrittsnähe (zum Beispiel: bevorstehend, in Phase zwei, innerhalb des Projekts, nach Abschluss des Projekts)
- Risikokategorien
- Kategorien der Risikobehandlung (siehe Kapitel 10.5)
- Frühwarnindikatoren
- Risikotoleranzen (Grenzwerte, die bei Überschreitung eine Eskalation an die nächst höhere Ebene des Managements auslösen)
- Risikobudget und Verwendungsrichtlinien

A.25 Risikoregister (Risk Register)

Zweck des Risikoregisters ist die Erfassung und Pflege aller Informationen bezüglich den Risiken eines Projekts.

Zusammensetzung

Jeder Eintrag im Risikoregister sollte folgende Informationen enthalten:

- Risikonummer
- Autor
- Datum der Identifikation
- Risikokategorie
- Risikobeschreibung
- Eintrittswahrscheinlichkeit und Auswirkungen
- Zeitliche Eintrittsnähe
- Kategorien der Risikobehebung
- Risikobehandlung
- Risikostatus
- Risikoeigentümer
- Risikobearbeiter

A.26 Teamstatusbericht (Checkpoint Report)

Mit dem Teamstatusbericht berichtet der Teammanager den Status des Arbeitspakets an den Projektmanager. Wie regelmäßig der Bericht angefertigt werden soll, ist im Arbeitspaket definiert.

Zusammensetzung

- Datum
- Berichtszeitraum
- Nachträge
- Aktueller Berichtszeitraum
  - Zu entwickelnde Produkte

  - Abzuschlie ende Produkte
  - Maßnahmen des Qualitätsmanagement
  - Erfahrungen
- nächster Berichtszeitraum
  - zu entwickelnde Produkte
  - abzuschließende Produkte
  - Maßnahmen des Qualitätsmanagement
- Toleranzstatus der Arbeitspakete
- Offene Punkte und Risiken

Anhang B
Rollen und Verantwortlichkeiten

B.1 Auftraggeber (Executive)

Der Auftraggeber ist die Person, die die letztendliche Verantwortung für den Erfolg des Projekts trägt. Er ist Teil des Lenkungsausschusses und wird dort vom Benutzer- und Lieferantenvertreter unterstützt.
Der Auftraggeber verantwortet die Ausrichtung des Projekts auf die angestrebten Ziele und die Lieferung des Projektendprodukts. Er ist verantwortlich für den Business Case und dafür, dass das Projekt den gewünschten Nutzen erbringt.

Im Einzelnen ist der Auftraggeber für folgende Punkte verantwortlich:
- Entwurf und Verpflichtung des Projektmanagementteams
- Überwachung der Erstellung der Projektbeschreibung
- Sicherstellen, dass das Projekt mit dem Unternehmens- bzw. Programmmanagement in Übereinstimmung ist
- Überwachung der Erstellung des detaillierten Business Case
- Sicherstellung der Projektfinanzierung
- Genehmigung von Lieferantenverträgen im Falle einer kommerziellen Kunden- Lieferanten- Beziehung
- Organisieren und Führen der Lenkungsausschusssitzungen
- Den Benutzervertreter dafür in die Verantwortung nehmen, dass der im Business Case definierte Nutzen erbracht wird. Dazu sollte regelmäßig kontrolliert werden, zu welchem Grad das Projekt den Nutzen bereits erbracht hat.
- Den Lieferantenvertreter dafür in die Verantwortung nehmen, dass die im Projekt erstellten Spezialistenprodukte die Qualitätsanforderungen erfüllen und der Ansatz des Vorgehens auf das Projekt abgestimmt ist

- Überwachung und Kontrolle des Projektfortschritts auf strategischer Ebene, insbesondere die regelmäßige Überprüfung des Business Case
- Sicherstellen, dass offene Punkte und Risiken den Business Case betreffend, identifiziert, bewertet und gesteuert werden
- Eskalation offener Punkte und Risiken an das Unternehmens- bzw. Programmmanagement, wenn Projekttoleranzen (voraussichtlich) überschritten werden
- Treffen oder Erwirken von Entscheidungen über offene Punkte und Risiken in Bezug auf die fortlaufende geschäftliche Rechtfertigung
- Übertragen der Verantwortlichkeit für die nach dem Projektabschluss stattfindenden Nutzenrevisionskontrollen an das Unternehmens- bzw. Programmmanagement

B.2 Benutzervertreter (Senior User)

Der Benutzervertreter repräsentiert die Interessen all derer im Projekt, die später mit dem Projektendprodukt arbeiten werden. Der Benutzervertreter spezifiziert den Nutzen und ist gegenüber dem Unternehmens- bzw. Programmmanagement verantwortlich, den erzielten Nutzen nachzuweisen.

Im Einzelnen ist der Benutzervertreter für folgende Punkte verantwortlich:

- Entwicklung und Definition der Kundenqualitätserwartungen sowie der Projektabnahmekriterien
- Gewährleisten, dass das Projekt Produkte liefert, die den Erwartungen und Bedürfnissen der Nutzer entsprechen
- Gewährleisten, dass die Produkte an den Anforderungen der Nutzer gemessen werden
- Bereitstellung von benötigten (personellen) Ressourcen auf der Benutzerseite
- Beilegung von Konflikten aufgrund widersprüchlicher Anforderungen und Prioritäten

- Entscheidung über eskalierte offene Punkte, insbesondere im Hinblick auf die Wahrung des erwarteten Nutzens
- Information und Beratung des Managements auf Benutzerseite im Hinblick auf die Wahrung des erwarteten Nutzens
- Übernahme der Projektsicherung aus Benutzersicht (Benutzersicherung)
- Gewährleisten, dass der im Business Case definierte Nutzen erbracht wird.
- Gegenüberstellung des effektiv erzielten und des prognostizierten Nutzens während der Nutzenrevision
- Sicherstellung des reibungslosen Geschäftsbetriebs beim Übergang vom Projekt- zum Tagesgeschäft

B.3 Lieferantenvertreter (Senior Supplier)

Der Lieferantenvertreter vertritt die Interessen derjenigen, die die Produkte des Projekts entwerfen, entwickeln, realisieren, beschaffen und implementieren. Er ist für die Qualität der von den Lieferanten gelieferten Produkte und die technische Integrität des Projekts verantwortlich.

Im Einzelnen ist der Lieferantenvertreter für folgende Punkte verantwortlich:

- Bewertung der Beständigkeit und Machbarkeit des Projektlösungsansatzes
- Gewährleistung, dass die Konzepte und Kostenvoranschläge für das Design, die Entwicklung, die Anschaffung, die Produktion und die Implementierung eine realistische Grundlage haben
- Beratung bei der Auswahl der Akzeptanzmethoden
- Sicherstellen, dass Qualitätsverfahren ordnungsgemäß eingesetzt werden
- Bereitstellung von benötigten (personellen) Ressourcen auf der Lieferantenseite
- Beilegung von Konflikten aufgrund widersprüchlicher Anforderungen und Prioritäten

- Information des kaufmännischen Lieferantenmanagements über Aspekte der Lieferanten
- Entscheidung über eskalierte Punkte unter Wahrung der Interessen der Lieferanten
- Information des Lieferantenmanagements über Aspekte des Projekts
- Übernahme der Projektsicherung aus Lieferantensicht

B.4 Projektmanager

Der Projektmanager wird vom Lenkungsausschuss befugt, die laufende Abwicklung des Projekts im Tagesgeschäft zu übernehmen. Die Hauptaufgabe des Projektmanagers ist es sicherzustellen, dass das Projekt die definierten Produkte innerhalb der für Zeit- und Kostenaufwand, Qualität, Umfang, Risiken und Nutzen definierten Toleranzen liefert. Er ist dafür verantwortlich, dass das Projekt dem im Business Case definierten Nutzen entspricht.

Im Einzelnen ist der Projektmanager für folgende Punkte verantwortlich:

- Erstellung der Projektbeschreibung
- Erstellung der Projektleitdokumentation (PID) und seiner Bestandteile
- Erstellung des Nutzenrevisionsplans
- Erstellung von Projekt-, Phasen- und Ausnahme-Plänen
- Erstellung und Freigabe von Arbeitspaketen
- Erstellung und Pflege des Registers offener Punkte sowie des Risikoregisters
- Erstellung und Pflege des Projekttagebuchs sowie des Erfahrungsprotokolls
- Abstimmung mit der Projektsicherung
- Abstimmung mit externen Lieferanten oder Account-Managern
- Leitung und Motivation des Projektmanagementteams
- Aufsicht über die Projektunterstützung
- Steuerung des Informationsflusses zwischen Lenkungs- und Lieferebene

- Erstellung der Berichte auf Phasen und Projektebene
- Management der Produktion der geforderten Produkte, Übernahme der Verantwortung für das Fortschreiten des Projekts und die Nutzung von Ressourcen sowie die Einleitung eventuell notwendiger Korrekturmaßnahmen
- Einrichtung und Management der Verfahren des Projekts - Risiko-Management, Steuerung der offenen Punkte und Änderungen, Konfigurationsmanagement und der Kommunikation
- Einrichtung und Management der Projektsteuerungsmittel
- Information des Lenkungsausschusses über jede Abweichung vom Plan

B.5 Teammanager

Die Hauptaufgabe des Teammanagers ist die Herstellung der vom Projektmanager vorgegebenen Produkte in einer angemessenen Qualität und innerhalb eines für den Lenkungsausschuss akzeptablen Zeit- und Kostenrahmens.
Innerhalb des Projekts berichtet der Teammanager an den Projektmanager und nimmt Weisungen von ihm entgegen.

Im Einzelnen ist der Teammanagers für folgende Punkte verantwortlich:
- Entgegennahme von Arbeitspaketen und Erstellung eines Teamplans
- Planung, Überwachung und Organisation der Arbeiten des Teams
- Übernahme von Verantwortung für das Fortschreiten der Arbeit im Team und den Einsatz der Teamressourcen sowie das Einleiten von Korrekturmaßnahmen, wenn notwendig
- Abstimmen mit der Projektsicherung- und dem Projektsupport
- Gewährleistung, dass die für die Arbeiten des Teams notwendigen Qualitätsaktivitäten ordnungsgemäß geplant und umgesetzt werden und innerhalb der Toleranzen liegen
- Erstellung das Teamstatusberichts

- Information des Projektmanagers über alle offenen Punkte und Risiken, die mit dem Arbeitspaket verbunden sind
- Information des Projektmanagers über alle Abweichungen vom Plan, Empfehlung von Korrekturmaßnahmen und Hilfe bei der Erstellung von Ausnahmeplänen
- Unterstützung des Projektmanagers bei der Analyse von offenen Punkten und Risiken
- Management bestimmter offener Punkte und Risiken auf Anweisung des Projektmanagers
- Übergabe der fertig gestellten Produkte an den Projektmanager

B.6 Projektsicherung (Project Assurance)

Die Projektsicherung gewährleistet die Wahrnehmung der Interessen der Mitglieder des Lenkungsausschusses während der Projektlaufzeit.

Im Einzelnen ist die Unternehmenssicherung für folgende Punkte verantwortlich:

- Unterstützung bei der Entwicklung des Business Case und des Nutzenrevisionsplans
- Beratung bei der Auswahl der Mitglieder des Projektmanagementteams
- Sicherstellung, dass Unternehmen, Benutzer und Lieferant in Kontakt bleiben
- Beratung bei der Risiko-Managementstrategie
- Vergewisserung, dass das Projekt auf die Unternehmens- und Programmstrategie ausgerichtet ist und bleibt
- Vergewisserung, dass das Projekt einer fortlaufenden geschäftlichen Rechtfertigung unterliegt
- Überprüfung des Finanzstatussees des Projektes in regelmäßigen Abständen
- Überprüfung, dass die Zahlungen an den Lieferanten freigegeben sind
- Überprüfung der Produkte auf Werthaltigkeit im Vergleich mit ihren Kosten

- Überprüfung, dass offene Punkte und Risiken identifiziert und entsprechend gesteuert werden
- Prüfung der zusammengenommenen Risiken gegen den definierten Toleranzbereich
- Prüfung des Projektfortschritts gegen den Plan und die definierten Toleranzen

Im Einzelnen ist die Benutzersicherung für folgende Punkte verantwortlich:

- Beratung bei der Einbeziehung von Stakeholdern
- Sicherstellung, dass die richtigen Personen mit der Erstellung der Produktbeschreibung beauftragt werden
- Sicherstellung, dass die Spezifikationen der Benutzeranforderungen genau, vollständig und unmissverständlich ist
- Beurteilung, ob die Lösung direkt auf die Anforderungen der Benutzer gerichtet ist und diese erfüllen wird
- Gewährleistung, dass die Benutzer bei allen produktbezogenen Qualitätsaktivitäten in allen Phasen angemessen vertreten sind
- Gewährleistung, dass die Benutzer im Projekt angemessen vertreten sind
- Sicherstellen, dass Einschätzungen zum Einfluss von offenen Punkten aus Nutzerperspektive und Empfehlungen bezüglich Maßnahmen Gehör finden
- Überwachung von Risiken und sicherstellen, dass Empfehlungen bezüglich der Maßnahmen zur Behandlung von Risiken aus Nutzerperspektive Gehör finden

Im Einzelnen ist die Lieferantensicherung für folgende Punkte verantwortlich:

- Überprüfung der Produktbeschreibung
- Beratung bei der Erstellung der Qualitäts- und Konfigurationsmanagementstrategie
- Beratung bezüglich des Projektlösungsansatzes und de Auswahl von Verfahren und Methoden

- Gewährleistung, dass die vom Lieferanten und für den Betrieb der Projektprodukte geforderten Standards angewandt und wirkungsvoll umgesetzt werden
- Gewährleistung, dass der Umfang des Projekts konstant bleibt und sich nicht unbemerkt verändert
- Gewährleistung, dass die Verfahren der Qualitätskontrolle richtig angewandt werden
- Beratung zum Einfluss von offenen Punkten aus der Lieferantenperspektive
- Prüfen der mit der Erstellung von Produkten verbundenen Risiken

B.7 Änderungsausschuss (Change Authority)

Der Lenkungsausschuss kann die Behandlung von Änderungsanträgen oder Spezifikationsabweichungen an eine Einzelperson oder Gruppe delegieren, die in PRINCE2 als ‚Änderungsausschuss' bezeichnet wird. Auch der Projektmanager könnte unter Umständen als Änderungsausschuss benannt werden.

Im Einzelnen ist der Änderungsausschuss für folgende Punkte verantwortlich:

- Überprüfung und Genehmigung oder Ablehnung aller Änderungen und Spezifikationsabweichungen innerhalb der vom Lenkungsausschuss vorgegebenen Befugnisse und im Rahmen des bereitgestellten Änderungsbudgets
- Information des Lenkungsausschusses wenn delegierte Befugnisse bzw. bereitgestellte Mittel (voraussichtlich) überschritten werden

B.8 Projektunterstützung (Project Support)

Die Verantwortlichkeiten der Projektunterstützung können sehr unterschiedlich sein. Sie sind abhängig vom Projekt, dem Projektmanager und der Projektumgebung. Die Projektunterstützung unterstützt den Projektmanager und das Projektmanagementteam. Er berichtet an den Projektmanager. Die Einsetzung einer Projektunterstützung ist optional.

Im Einzelnen kann die Projektunterstützung folgende Aufgaben übernehmen:

- Erstellen und Pflegen aller Projektordner
- Einrichtung von Verfahren zur Dokumentensteuerung
- Erfassen aktueller Daten und Prognosen
- Aktualisieren von Plänen
- Unterstützung beim Zusammenstellen von Plänen und Berichten
- Organisation und Unterstützung von Besprechungen des Lenkungsausschusses
- Administrative Abwicklung und Unterstützung der Qualitätsaktivitäten
- Führen des Qualitätsregisters und archivieren der Qualitätsdokumentationen
- Führen von weiteren durch den Projektmanager delegierten Protokollen, Berichten und Dokumenten
- Verwalten des Konfigurationsmanagementverfahrens sowie des Änderungssteuerungsverfahrens
- Führen der Konfigurationsdatensätze
- Bereitstellen von Informationen über den Status aller Produkte durch Erteilung von Produktstatusauskünften
- Vorbereitung und Durchführung von Konfigurationsaudits
- Kompetenz im Umgang mit fachspezifischen Techniken und Werkzeugen einbringen

Anhang C
Beispiel einer produktbasierten Planung

Produktstrukturplan für eine Konferenz

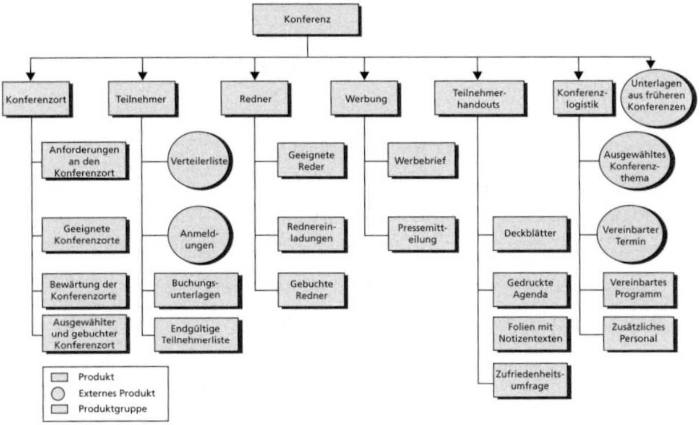

Abb. C.1 Produkstrukturplan für ein Konferenz in Form eines Hierarchiediagramms (Quelle: Erfolgreiche Projekte Managen mit PRINCE2™, OGC)

Produktbeschreibung zu der Anforderungsanalyse an den Veranstaltungsort

- Kennzeichnung - 01
- Titel - Anforderungsanalyse an den Veranstaltungsort
- Zweck - Alle Anforderungen identifizieren, die ein Veranstaltungsort für die Durchführung der Konferenz erfüllen muss
- Zusammensetzung
  - benötigte Ausstattung
  - Kapazität an Parkplätzen
  - Kapazität an Teilnehmern
  - Kapazität an Übernachtungsmöglichkeiten
- Ableitung - PID, Datum der Konferenz, bereits bestehende Erfahrungen
- Format - Vorlage der Einkaufsabteilung
- Notwendige Kenntnisse - Organisator der Konferenz
- Qualitätskriterien
  - Spezifikationen abgeleitet von den Eingabedokumenten
  - Konditionen der Einkaufsabteilung
- Qualitätstoleranzen - 10% der vereinbarten Kapazitäten
- Qualitätsprüfmethode
  - Überprüfung der Kapazitäten
  - Qualitätsprüfung der Ausstattung
- Notwendigen Kenntnisse
  - mit den Konditionen und Abläuen des Einkaufs vertraut sein
  - vorhandene Erfahrungen bei organisieren von Konferenzen
- Qualitätsverantwortlichkeiten
  - Ersteller: Peter
  - Prüfer: Angela und William
  - Abnahmeberechtigter: Leiter Marketing und Verkauf

Produktflussdiagramm für die Konferenz

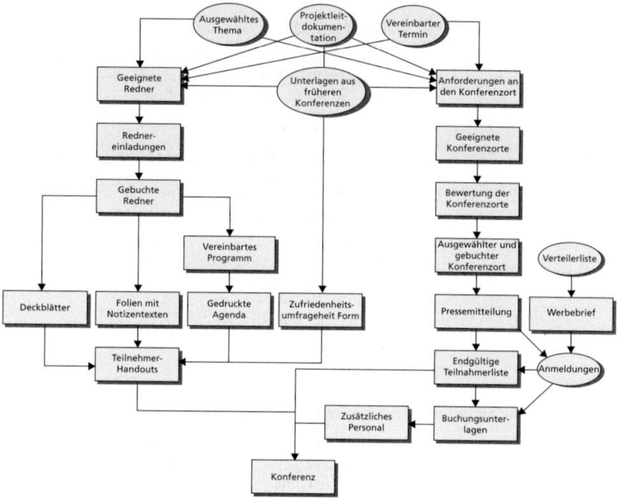

Abb. C.2 Beispiel eines Produktflussdiagramms für ein Konferenzprojekt (Basierend auf OGC Material)

Anhang D Übersetzungsliste

Begriff	Definition
Ablehnen (Risikobehandlung)	Eine Form der Behandlung eines Risikos, das eine Chance darstellt. Man hat sich aus ökonomischen Gründen bewusst dazu entschieden, eine Chance nicht wahrzunehmen und keine Maßnahmen zur Risikobehandlung zu ergreifen.
(Produkt) Abnahmeberechtiger	Die Person oder Gruppe (z. B. ein Lenkungsausschuss), die qualifiziert und berechtigt ist, ein (Management- oder Spezialisten)produkt als vollständig und für den beabsichtigten Zweck geeignet abzunehmen.
Agile Methoden	Agile Methoden sind (überwiegend) Methoden für eine flexible Softwareentwicklung, die Iterationen mit kurzen Zeitrahmen bevorzugen, in denen die Produkte schrittweise entwickelt werden.
Aktivität	Ein Prozess, eine Funktion oder Aufgabe, die sich über einen Zeitraum erstreckt, erkennbare Ergebnisse bringt und gemanagt wird.
Akzeptieren (Risikobehandlung)	Eine Form der Behandlung eines Risikos, das eine Bedrohung darstellt, bei der eine bewusste Entscheidung getroffen wurde, die Bedrohung bestehen zu lassen. Grund dafür ist die Erkenntnis, dass es wirtschaftlicher ist, so zu verfahren als eine Maßnahme zu Risikobehandlung zu ergreifen.
Änderungsantrag	Ein Vorschlag zur Änderung einer Baseline.
Änderungsausschuss	Eine Person oder Personengruppe, an die der Lenkungsausschuss die Verantwortung für die Bearbeitung von Änderungsanträgen oder Spezifikationsabweichungen delegieren kann.
Änderungsbudget	Die Mittel, die dem Änderungsausschuss für die Durchführung genehmigter Änderungen zur Verfügung gestellt werden.
Änderungssteuerung	Das Verfahren, mit dem sichergestellt wird, dass alle Änderungen mit Auswirkungen auf die vereinbarten Ziele des Projekts identifiziert, analysiert und entweder genehmigt, abgelehnt oder zurückgestellt werden.
Ankündigung des Projektabschlusses	Information des Lenkungsausschusses an alle Stakeholder und die Projektstandorte oder für das Projekt zuständigen Organisationen, dass die Projektressourcen aufgelöst und unterstützende Einrichtungen wie beispielsweise Räumlichkeiten und Geräte abgebaut sowie Zutrittsrechte etc. storniert werden können.

Ankündigung der Projektfreigabe	Benachrichtigung vom Lenkungsausschuss an alle Stakeholder und Projektstandorte, dass die Freigabe des Projekts erfolgt ist und Anforderung der während der Laufzeit benötigten logistischen Unterstützung (z. B. Kommunikationseinrichtungen, Geräte und Projektunterstützung).
Ankündigung der Projektinitiierung	Benachrichtigung vom Lenkungsausschuss an alle Stakeholder und Projektstandorte, dass das Projekt initiiert wird, und Anforderung der für die Initiierungsphase benötigten logistischen Unterstützung (z. B. Kommunikationseinrichtungen, Geräte und Projektunterstützung).
Annahme	Eine Planungsgrundlage, von der vorerst ausgegangen wird, die sich allerdings zu einem späteren Zeitpunkt noch ändern kann.
Anpassung	Die individuelle Verwendung von PRINCE2 in einem bestimmten Projekt, mit der sichergestellt wird, dass Planung, Steuerung, Governance sowie die Verwendung von Prozessen und Themen dem Projekt angemessen sind.
Arbeitspaket	Die für die Erstellung eines oder mehrerer Produkte notwendigen Informationen.
Auftraggeber	Eine Person, die die Gesamtverantwortung für ein Projekt hat und dafür Sorge tragen muss, dass die vorgegebenen Ziele erreicht werden und der geplante Nutzen erzielt wird.
Aufzeichnungen	Dynamische Managementprodukte, die Informationen über den Projektfortschritt enthalten.
Auslöser	Ein Ereignis oder eine Entscheidung, das/die einen PRINCE2-Prozess anstößt.
Ausnahme	Eine Situation, in der eine Abweichung über die zwischen Projektmanager und Lenkungsausschuss (bzw. zwischen Lenkungsausschuss und Programm- bzw. Unternehmensmanagement) vereinbarten Toleranzgrenzen hinaus vorhersehbar ist.
Ausnahmebewertung	Eine Beurteilung der Projektsituation durch den Lenkungsausschuss, um einen Ausnahmeplan zu genehmigen (oder abzulehnen).
Ausnahmebericht	Ein Bericht, der eine Ausnahmesituation, deren Auswirkungen und die sich anbietenden Alternativen beschreibt, Empfehlungen gibt und die Auswirkungen dieser Empfehlungen erläutert.
Ausnahmeplan	Ein Plan, der häufig auf einen Ausnahmebericht folgt.
Auswirkung (eines Risikos)	Das Resultat des Eintritts eines bestimmten Risikos (Bedrohung oder Chance)bzw. die Erwartung eines derartigen Resultats.
Befugnis	Das Recht, Ressourcen zuzuteilen und Entscheidungen zu treffen (auf Projekt-, Phasen- und Teamebene).

Benutzerabnahme Eine spezielle Form der Abnahme durch die Person oder Gruppe, die das Produkt nach der Übergabe an die Betriebsumgebung benutzen wird.

Benutzervertreter Die Rolle im Lenkungsausschuss, die dafür verantwortlich ist, dass die Anforderungen der Benutzer richtig spezifiziert und die Lösungen darauf abgestimmt werden.

Benutzer Die Person bzw. Gruppe, die letztendlich ein oder mehrere Produkte des Projekts benutzt und damit arbeitet.

Berichte Managementprodukte, die eine Momentaufnahme des Status bestimmter Aspekte des Projekts liefern.

Betriebs- und Wartungsabnahme Die Abnahme durch die Person oder Gruppe, die das Produkt nach der Übergabe an die Betriebsumgebung während seines Lebenszyklus unterstützen wird.

Business Case Die Rechtfertigung für eine Aktivität einer Organisation (Projekt), die üblicherweise Kosten, Nutzen, Risiken und Zeitaufwand umfasst und anhand der wiederholt geprüft wird, ob das Projekt sich weiterhin lohnt.

Centre of Excellence Eine Funktion des Unternehmens, die auf Portfolio-, Programm- und Projektmanagementebene Standards, konsistente Anwendung von Methoden und Prozessen, Wissensmanagement, Sicherung und Training koordiniert.

Einschränkungen Rahmenbedingungen oder Beschränkungen, denen das Projekt unterliegt.

Eintrittsnähe (Risiko) Der Zeitfaktor des Risikos, d. h. wann das Risiko eintreten kann.

Empfehlung des Projektabschlusses Information, die der Projektmanager für den Lenkungsausschuss erstellt und die der Lenkungsausschuss (wenn er über den Projektabschluss entschieden hat) als Ankündigung des Projektabschlusses versendet.

Empfehlungen für Folgeaktionen Empfohlene Maßnahmen für die Fertigstellung unerledigter Arbeiten, die Behandlung ausstehender offener Punkte und Risiken sowie sonstige Aktivitäten, die notwendig sind, damit ein Produkt die nächste Phase seines Lebenszyklus erreicht. Diese Empfehlungen sind sowohl im Phasenabschlussbericht (bei einer schrittweisen Übergabe) als auch im Projektabschlussbericht zusammengefasst.

Ereignisgesteuertes Steuerungsmittel Ein Steuerungsmittel, das bei Auftreten eines bestimmten Ereignisses zum Einsatz kommen.

Erfahrungsbericht
Ein Bericht, in dem alle Erfahrungswerte dokumentiert werden, die auch für andere Projekte nützlich sind.

Erfahrungsprotokoll
Ein formlose Sammlung guter und schlechter Erfahrungen, die für dieses Projekt oder für zukünftige Projekte von Nutzen sein können.

Ergebnis
Das Resultat einer Veränderung, das sich auf das Verhalten und/oder die Gegebenheiten in der Umgebung auswirkt.

Ergreifen (Risikobehandlung)
Eine Form der Behandlung eines Risikos, das eine Chance darstellt. Die Chance wird ergriffen, damit das mögliche günstige Ereignis auch eintritt und die angestrebten Auswirkungen realisiert werden können.

Ersteller
Die für die Entwicklung eines Produkts zuständige Person
oder Gruppe.

Eventualfall (Risikobehandlung)
Eine Form der Behandlung eines Risikos, das eine Bedrohung darstellt. In einem Eventualplan werden dieMaßnahmen beschrieben, die bei Eintreten des Risikos zu ergreifen sind, um dessen Auswirkungen zu verringern.

Governance (Projekt)
Die Bereiche der Governance des Unternehmens, die konkret mit den Projektaktivitäten in Verbindung stehen.

Governance (Unternehmen)
Die fortlaufend Pflege eines fundierten Systems interner Kontrollen, mit deren Hilfe die Führungskräfte und sonstigen Verantwortlichen in einem Unternehmen sich vergewissern können, dass effektive Managementsysteme, unter anderem Systeme für die Finanzüberwachung und -kontrolle, zum Schutz der Wirtschaftsgüter, der Erträge und des Rufs der Organisation vorhanden sind.

Inhärentes Risiko
Die von einem bestimmten Risiko ausgehende Gefährdung, die besteht, bevor eine Maßnahme zur Behandlung des Risikos ergriffen wird.

Initiierungsphase
Die Initiierungsphase erstreckt sich von der Freigabe der Projektinitiierung durch den Lenkungsausschuss bis zur Freigabe des Projekts (bzw. bis zu der Entscheidung, das Projekt nicht fortzuführen).

Integration (PRINCE2)
Die Schaffungen von Voraussetzungen innerhalb einer Organisation, die für den Einsatz von PRINCE2 als Projektmanagementmethode benötigt werden.

Kommunikationsmanagement-strategie
Eine Beschreibung der Kommunikationsmittel und der Häufigkeit des Austauschs zwischen den Stakeholdern des Projekts.

Konfigurationsdatensatz
Eine Aufzeichnung, die den Status, die Version und die Variante eines Konfigurationselements beschreibt sowie Details wichtiger Verbindungen zu anderen Konfigurationselementen.

Konfigurationselement	Eine Einheit, die dem Konfigurationsmanagement unterliegt. Bei einer derartigen Einheit kann es sich um die Komponente eines Produkts, ein Produkt oder eine Produktgruppe eines Release handeln.
Konfigurationsmanagement	Technische und administrative Aktivitäten im Zusammenhang mit der Erstellung, Pflege und kontrollierten Änderung der Konfiguration während der Lebensdauer eines Produkts.
Konfigurationsmanagement-strategie	Eine Beschreibung, wie und von wem die Produkte eines Projekts gesteuert und geschützt werden.
Konfigurationsmanagement-system	Die für das Management der Konfigurationsdaten eingesetzten Prozesse, Werkzeuge und Datenbanken
Konzession	Eine Spezifikationsabweichung, die der Lenkungsausschuss akzeptiert, ohne Korrekturmaßnahmen zu ergreifen.
Korrekturmaßnahmen	Maßnahmen, die bei einer drohenden Überschreitung der Toleranzen eines Plans bzw. bei einem festgestellten Mangel eines Produkts ergriffen werden.
Kostentoleranz	Die zulässige Abweichung von den geplanten Kosten, die ohne sofortigen Bericht an die nächst höhere Managementebene akzeptiert werden kann.
Kunde	Die Person bzw. Gruppe, die die Arbeiten in Auftrag gegeben hat und von den Endergebnissen profitieren wird.
Kundenqualitätserwartungen	Die in der Produktbeschreibung des Projektendprodukts enthaltene Definition der erwarteten Qualität.
Lieferant	Die Person bzw. die Gruppe(n), die für die Lieferung der Spezialistenprodukte des Projekts zuständig ist (sind).
Lieferantenvertreter	Die Rolle im Lenkungsausschusses, die das notwendige Know-how und Erfahrung in das Projekt einbringt, damit die geforderten Liefererergebnisse erzielt werden.
Liefergegenstand	Siehe 'Output'.
Managementprodukt	Ein Produkt, das für die Management- oder Qualitätsprozesse eines Projekts benötigt wird.
Managementphase	Der Abschnitt des Projekts, dessen Management der Projektmanager im Auftrag des Lenkungsausschusses ausführt. Das Ende einer Managementphase ist der Punkt, an dem der Lenkungsausschuss den Projektfortschritt, Projektplan, Business Case und Risiken überprüfen möchte, sowie den nächsten Phasenplan prüft, um zu entscheiden, ob das Projekt fortgeführt werden soll.

Meilenstein	Ein bedeutendes Ereignis im Zeitverlauf eines Planes, beispielsweise die Fertigstellung wichtiger Arbeitspakete, der Abschluss einer technischen Phase oder einer Managementphase.
negativer Nebeneffekt	Ein Projektergebnis, das von einer oder mehreren betroffenen Parteien als negativ betrachtet werden.
Nutzen	Eine messbare Verbesserung, die aus einem Projektergebnis resultiert und von einem oder mehreren Stakeholdern als Vorteil betrachtet wird.
Nutzenrevisionsplan	Ein Plan, der definiert, wie und wann gemessen werden kann, ob erwarteter Projektnutzen erreicht worden ist.
Nutzentoleranz	Die zulässige Abweichung von einem erwarteten Nutzen, die keine sofortige Information der nächst höheren Managementebene erfordert.
Offener Punkt	Ein ungeplantes Ereignis, das eingetreten ist und gemanagt werden muss.
Offener-Punkt-Bericht	Ein Bericht, der die Beschreibung, die Auswirkungsanalyse und die Empfehlungen zur Behandlung eines Änderungsantrags, einer Spezifikationsabweichung oder eines Problems/Anliegens enthält.
Output	Ein Spezialistenprodukt, das einem Benutzer übergeben wird.
Phase	Siehe „Managementphase“ oder „technische Phase“.
Phasenabschlussbericht	Ein Bericht, den der Projektmanager am Ende jeder Phase des Projekts an den Lenkungsausschuss übergibt.
Phasenabschlussbewertung	Überprüfung des Phasenabschlussberichts durch den Lenkungsausschuss und den Projektmanager, die dann entscheiden, ob der nächste Phasenplan genehmigt wird. Je nach Umfang und Brisanz des Projekts kann es sich hierbei um einen mehr oder weniger formellen oder formlosen Review handeln. Die Freigabe der Phase sollte formell dokumentiert werden.
Phasenplan	Grundlage für das Management des Tagesgeschäft in einer Phase durch den Projektmanager.
Plan	Eine ausgearbeitete Einteilung eines Vorhaben, die zeigt, was, wann, wie, und von wem erreicht werden soll.
Planmäßiger Abschluss	Die PRINCE2-Aktivität für den Abschluss eines Projekts.
Planungshorizont	Der Zeitraum, für den eine genaue Planung möglich ist.
Portfolio	Alle von einer einzelnen Organisation, einer Gruppe von Organisationen oder einer Organisationseinheit durchgeführten Programme und Einzelprojekte.

PRINCE2 Grundprinzip
Die Grundsätze, deren Beachtung für gutes Projektmanagement eine unerlässliche Voraussetzung ist,
und die die Grundlage für alle mit PRINCE2 gemanagten Projekten sind.

Problem/Anliegen
Bestimmter Typ eines offenen Punkts (kein Änderungsantrag oder Spezifikationsabweichung), dessen Lösung oder Eskalation Aufgabe des Projektmanagers ist.

Produkt
Ein materieller oder immaterieller Input oder Output, der im Vorfeld eines Projekts beschrieben, dann erstellt und getestet werden kann.

Produktabnahme
Die formelle Bestätigung, dass ein Produkt fertig gestellt ist und die in der Produktbeschreibung definierten Anforderungen (bis auf eventuelle Konzessionen) erfüllt.

Produktbeschreibung
Erläutert den Zweck, die Zusammensetzung und die Ableitung eines Produkts sowie dessen Qualitätskriterien.

Produktbeschreibung des Projektendprodukts
Eine besondere Form einer Produktbeschreibung, die die Zustimmung des Benutzers zum Umfang des Projekts und den Anforderungen einholt sowie, die Qualitätserwartungen des Kunden und die Abnahmekriterien für das Projekt definiert.

Produktcheckliste
Eine Liste der wichtigsten Produkte eines Projektplans mit
den wichtigsten Lieferterminen

Produktflussdiagramm
Ein Diagramm, in dem die Reihenfolge der Produktionsschritte sowie die Abhängigkeiten zwischen den in einem Produktstrukturplan aufgelisteten Produkten erkennbar sind.

Produktstatusauskunft
Ein Bericht über den Status von Produkten.

Produktstrukturplan
Hierarchische Darstellung aller Produkte, die im Rahmen eines Plans zu erstellen sind.

Programm
Eine flexible Organisationsstruktur, die für einen befristeten Zeitraum zur Koordination, Leitung und Kontrolle der Implementierung mehrerer zusammengehöriger Projekte und Aktivitäten eingerichtet wird und die Aufgabe hat, Ergebnisse und Nutzen zu erzielen, die die strategischen Ziele des Unternehmens unterstützen.

Projekt
Eine für einen befristeten Zeitraum geschaffene Organisation, die den Auftrag hat, ein oder mehr Produkte entsprechend einem vereinbarten Business Case zu liefern.

Projektabnahme
Die formelle Bestätigung, dass das Projekt die vereinbarten Abnahmekriterien des Projekts und damit auch die Anforderungen der betroffenen Parteien erfüllt

Projektabnahmekriterien	Eine priorisierte Liste von Kriterien, die das Projektendprodukt erfüllen muss, damit es vom Kunden abgenommen wird, d. h. messbare Definitionen der Attribute, die die Produktgruppe aufweisen muss, um von den wichtigsten Stakeholdern akzeptiert zu werden.
Projektabschlussbericht	Ein Bericht, den der Projektmanager Lenkungsausschuss erstellt, Produkte bestätigt, der Business durch Vergleich mit den Vorgaben Projektleitdokumentation bewertet, durchgeführt worden ist.
Projektbeschreibung	Ausführliche Darstellung des Zwecks, des Kosten- und des Zeitaufwands sowie der Leistungsanforderungen und Einschränkungen eines Projekts.
Projektbüro	Ein für einen befristeten Zeitraum geschaffenes Büro, das eine als Projekt organisierte Initiative unterstützt.
Projektendprodukt	Was das Projekt im Endeffekt liefern muss, um abgenommen zu werden.
Projektleitdokumentation	Eine Zusammenstellung aller Dokumente mit wesentlichen Informationen über das Projekt, die damit eine gesicherte Grundlage für den Projektstart bietet und diese Informationen allen am Projekt Beteiligten zukommen lässt.
Projektlebenszyklus	Den Zeitraum von der Vorbereitung des Projekts bis zur Abnahme des Projektendprodukts.
Projektlösungsansatz	Eine Beschreibung der Art und Weise, wie ein Projekt angegangen werden soll.
Projektmanagement	Die Planung, Delegierung, Überwachung und Steuerung aller Aspekte eines Projekts. Dazu gehören die Motivation der Beteiligten, die Projektziele zu erreichen, und zwar innerhalb der Zielvorgaben für Kosten, Zeit, Qualität, Umfang, Nutzen und Risiko.
Projektmanagementteam	Deckt die gesamte Hierarchie des Projektmanagements ab, einschließlich Lenkungsausschuss, Projektmanager, alle Teammanager sowie alle Rollen in Projektsicherung und Projektunterstützung.
Projektmanager	Die Person, der die Verantwortung für das Tagesgeschäft des Projekts übertragen wurde, mit der Maßgabe, die benötigten Produkte innerhalb der mit dem Lenkungsausschuss vereinbarten Rahmenbedingungen zu liefern.
Projektmandat	Ein externes Produkt, das von der Autorität bereitgestellt wird, die das Projekt ins Leben gerufen hat. Das Projektmandat ist der Auslöser für *Vorbereiten eines Projekts.*
Projektplan	Ein Plan, der einen groben Überblick über die wichtigsten Produkte des Projekts mit Lieferterminen und Kosten enthält.

Projektsicherung	Aufgabe des Lenkungsausschusses, der sicherstellen muss, dass das Projekt ordnungsgemäß durchgeführt wird.
Projektstatusbericht	Bericht, in dem der Projektmanager den Lenkungsausschuss in festgelegten regelmäßigen Abständen über die in einer Phase erzielten Fortschritte unterrichtet.
Projekttagebuch	Dient der Aufzeichnung von Problemen oder Anliegen, die der Projektmanager formlos bearbeiten kann.
Projektunterstützung	Die Projektunterstützung ist eine administrative Funktion innerhalb des Projektmanagementteams.
Protokolle	Formlos vom Projektmanager gesammelte Informationen, deren Format und Zusammensetzung nicht mit dem Lenkungsausschuss abgestimmt werden muss.
Prozess	Eine strukturierte Folge von Aktivitäten, die auf die Erreichung eines bestimmten Ziels gerichtet ist.
Prüfer	Eine vom Ersteller unabhängige Person oder Gruppe, die beurteilt, ob das Produkt die in der zugehörigen Produktbeschreibung aufgeführten Anforderungen erfüllt.
Puffer	Eingeplante Reserven , um Termin- und Kostenabweichungen oder Risiken abfangen zu können.
Qualität	Die Gesamtheit der Leistungsmerkmale und inhärenten oder zugewiesenen Eigenschaften eines Produkts, einer Person, eines Prozesses, einer Dienstleistung und/ oder eines Systems, die bestimmen, ob sie in der Lage sind, gestellte Anforderungen, Erwartungen oder Spezifikationen zu erfüllen.
Qualitätsdokumentation	Dokumentation, die nachweist, dass die notwendigen Qualitätssicherungs- und Qualitätssteuerungsmaßnahmen durchgeführt wurden.
Qualitätsinspektion	Die systematische und strukturierte Beurteilung eines Produkts, die von zwei oder mehr sorgsam ausgewählten Personen (Prüfungsteam) geplant, dokumentiert und organisiert wird.
Qualitätskriterien	Eine Beschreibung der Qualitätsanforderungen, die das Produkt erfüllen muss, und der Qualitätsmessungen, die bei der Überprüfung des fertigen Produkts angewendet werden.
Qualitätsmanagement	Die koordinierten Aktivitäten für die Lenkung und Steuerung der Qualität in einer Organisation.
Qualitätsmanagementstrategie	Eine Strategie, die die zu verwendenden Qualitätstechniken und –standards definiert und die Zuständigkeiten für die Erreichung des geforderten Qualitätsniveaus bei der Durchführung des Projekts festlegt.

Qualitätsmanagementsystem	Das komplette System von Qualitätsstandards, Verfahren und Verantwortlichkeiten für einen Standort oder eine Organisation.
Qualitätsprüfung	Siehe ‚Qualitätsinspektion'
Qualitätsprüfungstechnik	Eine Technik zur Kontrolle der Qualität mit definierten Rollen und einem strukturierten Ablauf. Mit dieser Technik wird festgestellt, ob ein Produkt, das in Form eines Dokuments (oder in ähnlicher Form, beispielsweise als Präsentation) vorliegt, vollständig ist, bestimmte Standards einhält und die in der zugehörigen Produktbeschreibung vereinbarten Qualitätskriterien erfüllt. Durchgeführt wird die Qualitätsprüfung von Personen, die über die notwendige Fachkompetenz zur Beurteilung der Eignung für den Verwendungszweck verfügen.
Qualitätsregister	Ein Register, das eine Zusammenfassung aller geplanten und abgeschlossenen Qualitätsaktivitäten enthält.
Qualitätssicherung	Unabhängige Überprüfung, ob Produkte den Anforderungen entsprechen oder ihren Zweck erfüllen können.
Qualitätssteuerung	Der Prozess der Überwachung spezifischer Projektergebnisse, um festzustellen ob sie den entsprechenden Standards entsprechen und die Ursachen für unzureichende Leistung zu beseitigen.
Qualitätstoleranz	Für jedes Qualitätskriterium eines Produkt sollten Qualitätstoleranzen in Form eines Bereichs akzeptabler Werte definiert werden. Die Qualitätstoleranz wird sowohl in der Produktbeschreibung des Projektendprodukts (Toleranz auf Projektebene) als auch in der Produktbeschreibung für jedes einzelne zu liefernde Produkt dokumentiert.
Reduzieren (Risikobehandlung)	Behandlung eines Risikos, indem proaktive Maßnahmen ergriffen werden, um durch Ausübung einer gewissen Steuerung die Wahrscheinlichkeit zu verringern, dass das Ereignis eintritt.und/oder die Auswirkungen des Ereignisses zu verringern, falls es eintreten sollte.
Register	Formelle Listen, die vom Projektmanager verwaltet werden und deren Format, Zusammensetzung und Verwendung mit dem Lenkungsausschuss vereinbart werden muss.
Register offener Punkte	Im Register offener Punkte werden alle formell bearbeiteten offenen Punkte erfasst und gepflegt.
Release	Eine Gruppe zusammengehöriger Produkte, die als Einheit übergeben werden.
Restrisiko	Das nach Ergreifung einer Gegenmaßnahme verbleibende Risiko.

Risiko	Ein Ereignis bzw. eine Gruppe von Ereignissen, deren Eintreten ungewiss ist, aber deren Eintreten Auswirkungen auf die Erreichung der Ziele haben wird.
Risikobearbeiter	Die Person, die für eine Risikomaßnahme verantwortlich ist.
Risikobehandlung	Maßnahmen, die ergriffen werden können, um die Gefährdung durch ein Risiko auf ein für die Organisation akzeptables Niveau zu bringen.
Risikobereitschaft	Die Bereitschaft einer Organisation, Risiken einzugehen. Diese Einstellung wiederum bestimmt, welches Ausmaß an Risiken als akzeptabel betrachtet werden.
Risikobeurteilung	Der Prozess der Analyse, welche Auswirkungen für eine Aktivität unter dem Strich zu erwarten sind, wenn Bedrohungen und Chancen gegeneinander abgewogen werden.
Risikoeigentümer	Eine namentlich benannte Person, die für das Management, die Überwachung und die Kontrolle aller Aspekte eines bestimmten Risikos verantwortlich ist, unter anderem für die Ergreifung von Maßnahmen zur Eindämmung von Gefahren oder zur Maximierung von Chancen.
Risikoeinschätzung	Die Einschätzung der Wahrscheinlichkeit und der Auswirkung eines Risikos unter Berücksichtigung anzuwendender Standards, Risikogrenzen, Abhängigkeiten und anderer relevanter Faktoren.
Risikomanagement	Die systematische Anwendung von Grundsätzen, Ansätzen und Prozessen zur Identifikation und Bewertung von Risiken sowie die anschließende Planung und Umsetzung von Maßnahmen zur Risikobehandlung.
Risikomanagementstrategie	Eine Strategie, die die Ziele des Risikomanagements, das anzuwendende Verfahren, die Rollen und Zuständigkeiten, die Risikotoleranzen, die Terminierung der Eingriffe zur Behandlung von Risiken, die notwendigen Werkzeuge und Techniken sowie die Berichtsanforderungen beschreibt.
Risikoprofil	Eine Beschreibung der Risiken, die eine Organisation zu erwarten hat, und den Grad der Gefährdung durch diese Risiken beschreibt.
Risikoregister	Eine Aufzeichnung alle Risiken einer Initiative mit Angabe des Status und der bisherigen Entwicklung.
Risikotoleranz	Die Grenzwerte der Risikobelastung, die bei Überschreitung die Erstellung eines Ausnahmeberichts auslösen, damit der Lenkungsausschuss informiert wird.

Senior Responsible Owner	Eine Bezeichnung der britischen Behörden für die Person, die dafür Sorge zu tragen hat, dass ein Projekt oder Programm seine Ziele erreicht und den erwarteten Nutzen bringt.
Sicherung	Alle systematischen Handlungen, die erforderlich sind, damit ein Vertrauen in die Angemessenheit der Zielvorgaben (System, Prozess, Organisation, Programm, Projekt, Ergebnis, Nutzen, Fähigkeit, Produkt-Output, Liefererergebnis) gewährleistet ist.
Spezialistenprodukt	Ein Produkt, dessen Herstellung Gegenstand des Planes ist.
Sponsor	Die treibende Kraft hinter einem Programm oder Projekt.
steigern (Risikobehandlung)	Eine Form der Behandlung eines Risikos, das eine Chance darstellt. Proaktive Maßnahmen werden ergriffen, um das Eintreten dieses Ereignisses wahrscheinlicher zu machen und die Auswirkungen des Ereignisses, falls es eintreten sollte, zu verstärken.
Spezifikationsabweichung	Eine vereinbarte Anforderung an das Projekt die derzeit nicht (bzw. voraus sichtlich nicht) erfüllt wird.
Stakeholder	Einzelpersonen, Gruppen oder Organisationen, die ein Vorhaben (Programm, Projekt, Aktivität oder Risiko) beeinflussen können, davon beeinflusst werden oder sich beeinflusst fühlen.
Strategie	Ein Ansatz bzw. Ausgangspunkt für das Erreichen eines langfristigen Ziels.
Struktur des Projektmanagementteams	Ein Organigramm, in dem die personelle Besetzung der Rollen des Projektmanagementteams einschließlich Delegations- und Berichterstattungsbeziehungen erkennbar ist.
Teammanager	Die Person, die die Erstellung der durch den Projektmanager (im Arbeitspaket) zugewiesenen Produkte in einer angemessenen Qualität und innerhalb eines für den Lenkungsausschuss akzeptablen Zeit- und Kostenrahmens verantwortet.
Teamplan	Ein Plan, der optional erstellt werden kann, um bei der Ausführung von Arbeitspaketen die Arbeit des (der) Team(s) zu steuern.
Teamstatuskontrolle	Eine in bestimmten Abständen durchgeführte Überprüfung der von einem Team erzielten Fortschritte.
Teamstatusbericht	Ein Bericht über die anlässlich einer Teamstatuskontrolle festgestellten Fortschritte eines Teams. Wird dem Projektmanager übergeben und muss sich an das im Arbeitspaket vorgeschriebene Berichtsformat halten.

Technische Phase	Die Einteilung anfallender Arbeiten nach verwendeten Techniken oder erstellten Produkten.
Teilen (Risikobehandlung)	Eine Form der Behandlung eines Risikos, das eine Bedrohung oder Chance darstellt, durch Risikoverteilung nach dem „Gain-Pain-Sharing-Modell“: Beide Parteien teilen sich den Gewinn (innerhalb vorab vereinbarter Grenzen), wenn die Kosten niedriger sind als geplant; und sie teilen sich den Verlust (ebenfalls innerhalb vorab vereinbarten Grenzen), wenn die Kosten höher sind als geplant.
Thema	Ein Wissensgebiet des Projektmanagements, das in einem Projekt kontinuierlich beachtet und auf eine bestimmte Weise angewendet werden muss, damit die PRINCE2-Prozesse wirkungsvoll eingesetzt werden können.
Toleranz	Die zulässige Abweichung von den Zeit- und Kostenvorgaben eines Plans, die ohne sofortige Eskalation and die nächst höhere Managementebene akzeptiert werden kann.
Übergabe	Die Übertragung einer Gruppe von Produkten an den (die) betreffenden Benutzer.
Übertragen (Risikobehandlung)	Mögliche Form der Behandlung einer Bedrohung, bei der eine dritte Partei einen Teil der Verantwortung für die finanziellen Auswirkungen der Bedrohung übernimmt.
Umfang	Der Umfang eines Plans ist die Gesamtsumme seiner Produkte und der hierfür zu erfüllenden Anforderungen.
Umfangtoleranz	Die zulässige Abweichung vom Umfang eines Plans, die keine Eskalation an die nächst höhere Managementstufe notwendig macht.
Variante	Eine Variante eines baselined Produkts.
Verfahren	Eine Folge von Maßnahmen, die einen bestimmten Aspekt von Projektmanagement abdeckt, und eigens für das Projekt aufgestellt wurde (z. B. eine Risikomanagementverfahren).
Vergleichswerte (Baseline)	Bezugswerte, anhand derer eine Einheit überwacht und kontrolliert wird.
Vermeiden (Risikobehandlung)	Eine Form der Behandlung eines Risikos, das eine Bedrohung darstellt, und sicherstellt, dass die Bedrohung keine Auswirkungen mehr haben kann oder nicht mehr besteht.
Version	Eine bestimmte Baseline eines Produkts.
Voraussetzungen (Plan)	Was vorhanden sein und während der Dauer des Plans verfügbar bleiben muss, damit der Plan erfolgreich ist.

Vorbereitung	Die im Vorfeld eines Projekts vom Auftraggeber und dem Projektmanager durchgeführten Aktivitäten zur Erstellung des Entwurfs des Business Case, der Projektbeschreibung und des Initiierungsphasenplans.
Vorzeitiger Abschluss	Die in PRINCE2 notwendigen Aktivitäten für die Beendigung eines Projekts vor dem geplanten Abschluss.
Wasserfallmodell	Ein linear und sequentiell aufgebauter Ansatz der Softwareentwicklung, der für jede Entwicklungsphase bestimmte Ziele vorgibt.
Zeitgesteuertes Steuerungsmittel	Steuerungsmittel, die der nächst höheren Managementebene in regelmäßigen Abständen für die Überwachung des Fortschritts zur Verfügung gestellt werden.
Zeitplan	Grafische Darstellung eines Plans (beispielsweise in Form eines Gantt-Chart), üblicherweise mit der Abfolge durchzuführenden Aufgaben und zugeteilten Ressourcen.
Zeittoleranz	Die zulässige Abweichung von den Zeitangaben eines Plans die ohne Eskalation an die nächst höhere Managementebene akzeptiert werden kann.
Zielvorgaben	Die Vorgaben eines Plans hinsichtlich Zeit, Kosten, Qualität, Umfang, Nutzen und Risiken.

Anhang E
Governance

Die Governancence des Projektmanagements betrifft die Bereiche der ‚Corporate Governance', die konkret mit den Aktivitäten des Projekts in Verbindung stehen. Effektives Governance gewährleistet, dass das Projektportfolio einer Organisation auf die von der Organisation angestrebten Ziele ausgerichtet ist, effizient durchgeführt wird und nachhaltig wirksam ist.
Tabelle B.1 zeigt wie PRINCE2 die Governance-Prinzipien der APM umsetzt.

Grundprinzipien der Governance für Projektmanagement	Umgesetzt von PRINCE2
Die Geschäftsführung trägt die Verantwortung für die Governance des Projektmanagements	Kein Bestandteil von PRINCE2.
Die Rollen, Verantwortlichkeiten und Kriterien der Governance des Projektmanagements sind definiert	Ein PRINCE2 Projekt hat eindeutig definierte Rollen, Verantwortlichkeiten und Kriterien der Governance. Die Governance des Projekts leitet sich aus der Governance des Unternehmens ab, ist jedoch nicht selbst Gegenstand von PRINCE2.
Strenge Governance-Vorgaben werden während allen Projektphasen angewendet und durch geeignete Methoden und Steuerungsmittel unterstützt	Vollständig durch PRINCE2 umgesetzt
Zwischen Unternehmensstrategie und Projekt- bzw. Programmportfolio besteht ein nachvollziehbarer Zusammenhang	Jedes PRINCE2-Projekt ist über de Business Case seine Ausrichtung auf die Unternehmensstrategie dar. PRINCE2 gibt jedoch keine Anleitung zum Portfoliomanagement
Projekte haben einen genehmigten Plan. An den Meilensteinen werden Genehmigungen mit Bezug auf den Business Case erteilt. Entscheidungen werden protokolliert und kommuniziert	Vollständig durch PRINCE2 umgesetzt

Grundprinzipien der Governance für Projektmanagement	Umgesetzt von PRINCE2
Die Mitglieder der Gremien, an die Aufgaben delegiert wurden, sind vertreten nd verfügen über die notwendigen Kompetenzen und Befugnisse, um Entscheidungen treffen zu können	Teilweise umgesetzt. PRINCE2 bildet den Rahmen für effektives Delegieren. Die Kompetenzen der Mitarbeiter sind nicht Gegenstand von PRINCE2
Der Business Case des Projekts gründet auf relevanten und realistischen Informationen, die eine solide Basis für Freigabeentscheidungen bilden	Vollständig durch PRINCE2 umgesetzt
Das Bord entscheidet wann Projekte einer Prüfung durch unabhängige Stellen unterzogen werden müssen und veranlasst diese bei Bedarf	Teilweise umgesetzt. PRINCE2 empfiehlt eine unabhängige Prüfung durch das Unternehmens- oder Programmmanagement im Rahmen der Projektsicherung
Die Kriterien für die Berichterstattung über den Projektstatus sowie für die Eskalation von Risiken und offenen Punkten an die zuständigen Managementebenen sind lar definiert	Vollständig durch PRINCE2 umgesetzt
Die Organisation fördert eine Kultur der kontinuierlichen Verbesserung und der offenen Kommunikation	Teilweise umgesetzt. PRINCE2 empfiehlt eine offene Berichterstattung durch das Steuern nach dem Ausnahmeprinzip und schlägt die Einrichtung von Sicherungsstrukturen vor
Die Einbeziehung der Stakeholders entspricht ihrer Bedeutung im Projekt	Vollständig durch PRINCE2 umgesetzt

Tabelle B.1 Gegenüberstellung: APM Governance-Prinzipien und PRINCE2 (Quelle: *Directing Change: A Guide to Governance of Project Management*, APM Governance SIG. © Association for Project Management, 2004. Genehmigter Nachdruck)

Anhang F
Organisationen

Internationale Niederlassungen der APMG

APMG Großbritannien – www.apmgroup.co.uk

APMG Benelux – www.apmg-benelux.com

APMG China – www.apmg-china.com

APMG Deutschland – www.apmg-deutschland.com

APMG Skandinavien – www.apmg-scandinavia.com

APMG USA – www.apmg-us.com

APMG Australien & Asien – www.apmg-australasia.com

Andere wichtige Adresse

OGC Best Practice Benutzer Gruppe– www.usergroup.org.uk

PRINCE2 Benutzer Gruppen Deutschland – www.prince2-deutschland.de

Andere Projektmanagementorganisationen

IPMA – www.ipma.de / www.ipma.ch

APM – www.apm.org.uk

PMI – www.pmi.org

Anhang G
Referenzen

1. *Managing Successful Projects with PRINCE2™*, Fifth edition, © Crown copyright 2009, TSO; Deutsche Version: *Erfolgreiche Projekten Managen mit PRINCE2™*
2. *Directing Successful Projects with PRINCE2™*, First edition, © Crown copyright 2009, TSO

Über die Autoren

Bert Hedeman arbeitet als Senior Projekt- und Programmmanager und ist Partner von Insights International BV. Bert ist bei der APMG als PRINCE2- und MSP-Trainer akkreditiert. Er ist Mitverfasser des Buchs 'Project Management based on PRINCE2' und 'Programme Management based on MSP'. Seit 1995 ist Bert akkreditierter Prüfer der IPMA.

Ron Seegers ist Trainer für das Seniorprojektmanagement und bei der APMG als PRINCE2 Trainer akkreditiert. Als Projektmanager nutzte er PRINCE2 bereits bei vielen Projekten. Ron hat eine Reihe von Organisationen bei der Einführung von PRINCE2 beraten und besitzt Erfahrungen bei der Anwendung von PRINCE2 im Niederländischen, Englischen und Deutschen Sprachraum. Sowohl als Trainer, als auch als Coach hat Ron die Menschen bewegt PRINCE2 in der richtigen Art und Weise zu benutzen. Ron ist Eigentümer von 'Projectmeester', einer Firma, die Training und Coaching anbietet und ist im Vorstand der Niederländischen PRINCE2 Benutzergruppe aktiv (www.PUGnl.nl).

Über den Übersetzer

Jörg Lobbes arbeitet seit 10 Jahren als Projektmanager im internationalen Umfeld. Als Trainer und Berater unterstützt er Unternehmen bei der Durchführung von Projekten und Optimierung von Prozessen. Als Lehrbeauftragter der provadis School of International Management & Technology gibt er seine Erfahrungen an Studenten weiter. Jörg ist seit 2005 nach PRINCE2 zertifiziert und hat 2009 bei der Service Management Gate GmbH seine Ausbildung zum akkreditierten PRINCE2 Trainer begonnen.